dumont kunst-taschenbücher

Kurt Schreiner, geb. 1937, studierte Graphik an der Fachhochschule für Kunst und Design in Köln und arbeitete nach dem Examen in der Werbung. Danach Studium der Germanistik, Kunstgeschichte und Textilgestaltung an der Universität Köln für das Lehramt an höheren Schulen. Zur Zeit Schuldienst und Tätigkeit in der Erwachsenenbildung. 1976 Ausstellung eigener textiler Objekte.

Leinenapplikation: Frau mit Stickrahmen. 30 x 20 cm

Kurt Schreiner

Kreatives Arbeiten mit Textilien

Weben · Sticken · Knüpfen
Batik · Stoffdruck

DuMont Buchverlag Köln

Umschlagabbildung Vorderseite: Bestickte Flächenapplikation (vgl. Farbtafel 1)

Umschlagabbildung Rückseite: Fadenmarionette »Schoßhündchen«: Zöpfe, Flechten und gewebte Rückendecke typisieren das »Vertätschelte«

CIP-Kurztitelaufnahme der Deutschen Bibliothek

Schreiner, Kurt
Kreatives Arbeiten mit Textilien : Weben, Sticken, Knüpfen, Batik, Stoffdruck. – Köln : DuMont, 1977.
  (DuMont-Kunst-Taschenbücher ; 55)
  ISBN 3-7701-0962-7

Erstveröffentlichung
© 1977 DuMont Buchverlag, Köln
Alle Rechte vorbehalten
Druck: Gebr. Rasch & Co., Bramsche

Printed in Germany   ISBN 3-7701-0962-7

Inhalt

Die historische Entwicklung einiger textiler Techniken 221

Anhang

Vorbemerkung

Der Begriff »textiles Gestalten«, der das kreative Arbeiten mit Textilien bezeichnet, verweist auf das Material *und* die kreative Arbeit mit diesem Material; beide sind eng miteinander verbunden. Gestaltet wird mit dem Material und aus dem Material heraus. Das Besondere des Materials Textilie liegt darin, daß es kein »Rohmaterial« mehr, sondern selbst bereits »gestaltet« ist: als Gewebe oder Kordel, als Stoff- oder Wollrest.

»Textiles Gestalten« bedeutet Auseinandersetzung mit gestalteten Textilien: mit ihrer jeweiligen Besonderheit der Material- und Texturwirkung, mit ihren Eigenschaften und Merkmalen, mit ihren aus der materialen Beschaffenheit sich ergebenden Möglichkeiten der Verarbeitung und Veränderung.

Neben grundlegenden Gestaltungsprinzipien werden in diesem Buch die verschiedenen Techniken der Be- und Verarbeitung als notwendige Hilfe für den Gestaltungsprozeß ausführlich beschrieben: Weben, Sticken, Applikation, Knüpfen (Makramée), Färbeverfahren (Batik) und Stoffdruck sowie deren Abwandlungen und Kombinationen.

Im Gestalten aus dem Material heraus, im Spiel mit den Mitteln und im Studium der Formen der Natur soll die vielfach ausgeübte reproduktive Arbeitsweise umgangen und zu schöpferischem Arbeiten angeregt werden.

Die Beispiele und Übungen zu jedem Kapitel leiten den Leser an; Abbildungen und Beschreibungen helfen, die Gestaltungsprozesse zu verdeutlichen.

Die einzelnen Großkapitel des Buches sind in sich abgeschlossen. Vor der Beschäftigung mit den einzelnen Techniken sollte die Lektüre des ersten Kapitels stehen, das sich mit Gestaltungsprinzipien auseinandersetzt, sonst wird die Absicht dieses Buches leicht mißverstanden. Das dritte Kapitel führt an die Gegenstände heran, an denen die erlernten Techniken und gestalterischen Prinzipien praktisch angewandt werden können. Den Abschluß bildet ein informativer Überblick über die Entwicklung einiger textiler Techniken.

Schöpferisches Gestalten
mit Textilien

Produktiv statt reproduktiv

Der Handarbeitsunterricht früheren Stils beschränkte sich auf die Vermittlung von textilen Techniken, mit denen praktische und nützliche Gegenstände selbst hergestellt werden konnten. Dem Fertigungs-Aspekt entsprach das Lernziel: exaktes, ordentliches und sauberes Arbeiten. Das Prinzip der Nützlichkeit (»nützlich ist, was Geld spart«) trifft auf die heutige Auffassung von textilem Gestalten innerhalb und außerhalb der Schule nur noch bedingt zu. Ein Grund ist: Das perfekte Konfektionierungs-System einer Grundindustrie produziert heute billiger und differenzierter als früher.

So wird verständlich, daß der Bruch zwischen alter und neuer Schuldidaktik in den Textilarbeiten der verschiedenen Generationen deutlich sichtbar ist. Die Ungeschulten greifen vorwiegend zu den angebotenen Musterabbildungen und -anleitungen, da sie nur unzureichend an gestalterische Problemlösungsprozesse herangeführt wurden. Die Industrie und die großen Frauen-Illustrierten kommen diesem Hang nach reproduktivem Arbeiten entgegen.

In der zeitgemäßen Auffassung vom Fachunterricht »Textiles Gestalten« spielt demgegenüber der Gestaltungs-Aspekt eine wichtige Rolle. Diese Verschiebung zugunsten des Gestaltungsbereichs ermöglichte es, die einseitige Ausrichtung des Fachs auf Mädchen aufzugeben. Die Arbeitsergebnisse von Jungen zeigen, daß sie für die textilen Techniken durchaus offen sind und sich ihre eigenen Ausdrucksformen suchen. Während Mädchen meist Arbeiten gewissenhafter, regelgeleiteter und in Form und Farbe detaillierter ausführen, sind Jungenarbeiten vor allem gekennzeichnet durch die Wahl des gröberen Materials, durch großflächiges Arbeiten ohne feine Detaillierung sowie durch das freie Erfinden ohne Regeln.

Diesem Buch liegen die Prinzipien des zeitgemäßen Verständnisses von textilem Gestalten zugrunde. Das hat zur Folge, daß bestimmte textile Techniken, bei denen Fertigung vor Gestaltung geht, ausgeklammert bleiben. Hierunter fallen die Techniken des Nähens, des Strickens und des Häkelns. Damit soll keineswegs bedeutet werden, daß diese Techniken dem Bereich des textilen Gestaltens nicht angehören. Im Gegenteil: Sie sind für viele Gestaltungsarbeiten selbstverständliche Grundlage, und ihre Kenntnis ist eine notwendige Voraussetzung für viele Arbeiten im textilen Bereich. Es kann aber angenommen werden, daß beim einzelnen Grundkenntnisse in diesen Techniken vorhanden oder leicht zu erwerben sind.

Es wird hier unterschieden zwischen dem freien, eigenen gestalterischen Arbeiten, in dem der Mensch selbsterfindend produziert, und dem nachmachenden bzw. reproduktiven Arbeiten. Einige typische Merkmale beider Arbeitsweisen sollen vergleichend gegenübergestellt werden:

reproduktiv:	*produktiv:*
unzusammenhängend	spielend-improvisiert, spontan
nachahmend	sinnenhaft, die Sinne schulend
einengend, gängelnd	selbsttätiges Suchen nach Wegen und Lösungen
primärsystematische Unterweisung in Technik	Erarbeitung der Form-Idee, Technik wird ihr angepaßt
keine Urteilsfähigkeit	Selbstsicherheit im Urteil
Unselbständigkeit	immun gegen Zwänge
Zerstreuung	Erleben durch Eigenbewältigung
Abflachen der schöpferischen Impulse	Anregung der schöpferischen Impulse
begrenzte Erfahrung	unbegrenzte Erfahrung

Die Gründe, die für produktives Gestalten sprechen, sind gewichtig: Im selbständigen Suchen nach Lösungen müssen eigene und nicht vorgegebene Wege beschritten werden. Lernerfahrungen werden mittels gestalterischer und technischer Experimente gewonnen. Auf sinnenhafter Ebene werden die gestalterischen Fähigkeiten gefördert und trainiert. Neben der grundlegenden Gewinnung von Kenntnissen, Fähigkeiten und Einsichten wird Selbsterfahrung und -verwirklichung betrieben.

Während beim Kind und beim Jugendlichen die Förderung dieser Merkmale eine selbstverständliche Grundlage der angestrebten »Mündigkeit« ist, wird dem Erwachsenen durch die angelernten und zeitlebens ausgeübten reproduktiven Verfahrensweisen freies schöpferisches Gestalten in hohem Maße erschwert. Sie zu überwinden und zur produktiven Arbeitsweise zu gelangen, erfordert die Einsicht in deren Notwendigkeit. Aus Furcht vor dem Versagen wird ein Versuch häufig erst gar nicht unternommen.

In den modernen Kreativitätstheorien ist unbestritten, daß eine qualitativ noch nicht zureichende Gestaltungsarbeit förderlicher sein kann für das Individuum als eine im reproduktiven Verfahren angefertigte. Geht man von einem Kreativitätsbegriff aus, der weit gefaßt wird und über den Bereich der bildnerischen Gestaltung hinausgeht, so kann Kreativität bestimmt werden als »Fähigkeit, echt (authentisch) zu sehen, wahrzunehmen und zu reagieren«; schöpferisches Sehen bedeutet entsprechend, »immer von neuem ohne Verallgemeinerung« zu sehen[1]. Selbstgestellte Aufgaben mit einfachen Techniken und Materialien vermögen diese Fähigkeiten zu schulen. Es werden daher zu den einzelnen Darstellungen der textilen Techniken einfache Übungen vorgeschlagen.

Produktives Gestalten mit textilem Material kann sinnvoll zur Persönlichkeitsbildung beitragen. Die Textilie kennt jeder, sie ist reichlich vorhanden, und es sind nur wenige Mittel für die handwerklich-technischen Fertigungsprozesse notwendig.

Eine besondere Rolle spielt in der Kreativitätstheorie die *Gruppenkreativität*. Die Gruppe, die Gleiches oder Ähnliches erarbeitet, wirkt stimulierend und trägt zur Verbesserung des Arbeitsergebnisses bei. Werkkurse mit diesem Anspruch vermitteln über künstlerische Techniken wie das textile Gestalten ein Stück sozialer Therapie. Neben der Vermittlung von Techniken sollen individuell vorhandene Fähigkeiten freigesetzt werden. Neben der behutsamen Anleitung durch den Fachmann besteht die Beratung in der nachbarschaftlichen Selbsthilfe der Gruppenmitglieder untereinander. In der *Werkbetrachtung* stellt die Gruppe ihre Arbeiten der sachlichen Kritik der Gruppenmitglieder. Kriterien der Begutachtung und Bewertung durch die Gruppe sind: Selbständigkeit und Originalität im Entwurf, Einfallsreichtum in der Technik, gute Komposition beim Eingehen auf die Eigenart des Materials sowie die handwerkliche Verarbeitung.[2]

Der Gestaltungsprozeß

Zum Begriff »Gestalten«

Die Gestaltpsychologie beantwortet die Frage, warum der Mensch gestalte, mit dem Hinweis, daß der Mensch grundsätzlich nach guter Gestalt strebe. »Regelmäßigkeit, Symmetrie, Geschlossenheit, Einheitlichkeit, Ausgeglichenheit, maximale Einfachheit, Knappheit steigern sein Wohlbefinden. Ungestaltetes, von der guten Gestalt Abweichendes versetzt ihn in einen Spannungszustand, der Lösung fordert.«[3]

Gestalterische Kräfte und Gestaltungsdrang streben nach optimaler Ordnung des Erlebens; die Ordnung bietet Schutz vor dem Chaos. Der Gestaltung liegt »ein Ordnungsvorgang zugrunde, in dem ideelle und materielle Gestaltungselemente ausgewählt und zugeordnet werden ...«[4]

Ordnungszustände sind: die Symmetrie, die Proportion, der Rhythmus und die Harmonie. Schönheit ist von diesen Ordnungen abhängig: »Je größer die Ordnung, um so eindeutiger der Bezug zur Schönheit, zur Gestaltung: Schönheit ist eine Funktion gestalteter Ordnung.«[5]

Gestalten wird mit Ordnen gleichgesetzt. Der einzelne stellt die Ordnung in freier schöpferischer Tätigkeit im gestalterischen Prozeß her. Die Fähigkeit dazu wird mit »kombinatorischer Intelligenz« bezeichnet, sie ist Teil des Kreativitätsbegriffs.[6]

Einer Beschreibung der Möglichkeiten textilen Gestaltens sollen einige Hinweise aus der Gestaltungslehre vorangestellt werden, soweit sie für das Gestalten mit Textilien bedeutsam sind.

Es gibt kein Rezept für die Entwicklung gestalterischer Fähigkeiten oder ihre sinnvolle Förderung. Die eigene Begabung und Neigung, die schulische Ausbildung und die Formen der Weiterbildung sind individuell sehr verschieden, und sie erfordern für jeden ein anderes Vorgehen.

Die Auseinandersetzung mit Gestaltungsfragen sollte unter drei Aspekten erfolgen: im Umgang mit den *Ausdrucksmitteln der Gestaltung,* im *Spiel mit den Mitteln* und im *Natur-Studium.*

Ausdrucksmittel der Gestaltung

Das textile Material

Legt man die Definition der Textilien als »morphologisch bestimmbare, gestaltete Gefüge«[7] zugrunde, so fällt der Begriff »gestaltet« auf. Die Textilie als künstlerisches Bauelement einer Gestaltung ist selbst bereits gestaltet. Die jeweils vorhandene Besonderheit der Textur- und Materialwirkung kann als *eine* mögliche Ausdrucksform benutzt werden. Einsatzmöglichkeiten der Textilien bestehen sowohl in der unveränderten Verwendung ihrer Gestalt als auch in deren Veränderung durch Umformung. Eine wesentliche Voraussetzung für die Gestaltung mit Textilien sind daher Kenntnisse des textilen Materials.

Die Farbe

Kenntnisse und Fertigkeiten, die die Farbenlehre vermittelt, können hier nicht im einzelnen behandelt werden. Sie betreffen den Farbcharakter, die Farbintensität, die Farbzusammenhänge, die Tonstufen und die Mischwerte der Farben.

Im Zusammenhang mit dem textilen Gestalten interessiert vor allem der Farbkontrast. Itten zählt sieben mögliche Farbkontraste auf[8]: Farb-an-sich-Kontrast – Hell-Dunkel-Kontrast – Kalt-Warm-Kontrast – Komplementär-Kontrast – Simultan-Kontrast – Qualitäts-Kontrast – Quantitäts-Kontrast.

Der »richtige« Einsatz der Farbe läßt sich nicht nach »Regeln« erlernen. Das Gespür für Farbharmonie kann nur im permanenten gestalterischen Arbeiten allmählich verbessert und differenziert werden. Der im Umgang mit Farben noch Unerfahrene sollte sich daher in der Auswahl zunächst beschränken. Er kann innerhalb einer Farbton-»Familie« bleiben (z. B. alle Grün-Nuancen bis hin zum Gelb). Naturfarbene Materialien (in ungefärbtem Rohzustand) wie Flachs, Hanf, Wolle und Sisal unterscheiden sich in leichten Farbnuancen, ähnlich denen verschiedener Holzarten. Die charakteristischen Strukturmerkmale treten hier besonders deutlich hervor.

Im Gegensatz zur Malerei, in der die Farben »rein« vorkommen, wird die Farbe bei textilen Materialien von deren Eigenschaften und Merkmalen beeinflußt. Beim Färben oder bei bereits gefärbtem Material erscheinen gleiche Farben sowohl in satten, ungebrochenen Tönen (z. B. bei Seide und Batist) als auch in stumpfen Tönen (z. B. bei Rupfen, Filz und Leinen). Die Wirkung der gleichen Farbe bei durchsichtigem Material (z. B. bei Tüll und Organza) ist anders als bei dichtem.

Diese Beziehungen zwischen Material und Farbe können bei der Gestaltung gezielt genutzt werden. Soll eine Fondfläche neutral wirken, kann die Farbe oder das Material einen solchen Effekt erzielen. Im Zusammenwirken von beidem wird die Wirkung noch erhöht. Ebenso kann ein Farbkontrast durch die Oberflächenbeschaffenheit des Materials gesteigert werden.

Der Rhythmus

Der Wortbedeutung nach (von griech. rheein = fließen) bezeichnet Rhythmus »ein Dahinströmendes, Federnd-Tanzendes, ungestört Ablaufendes«[9]. In der Natur entsteht Rhythmus u. a. durch unregelmäßige Wachstumsprozesse: Innerhalb der wiederkehrenden Jahreszeiten verläuft das Wachstum unterschiedlich. Oder: Das Meerwasser überspült in unregelmäßigen Rhythmen das Ufer, mal heftiger, mal verhaltener: »Rhythmus zeigt sich in der Wiederholung von Ähnlichkeiten ... in bald zögerndem, bald beschleunigtem Ablauf.«[10] Das dahinströmende Wasser eines

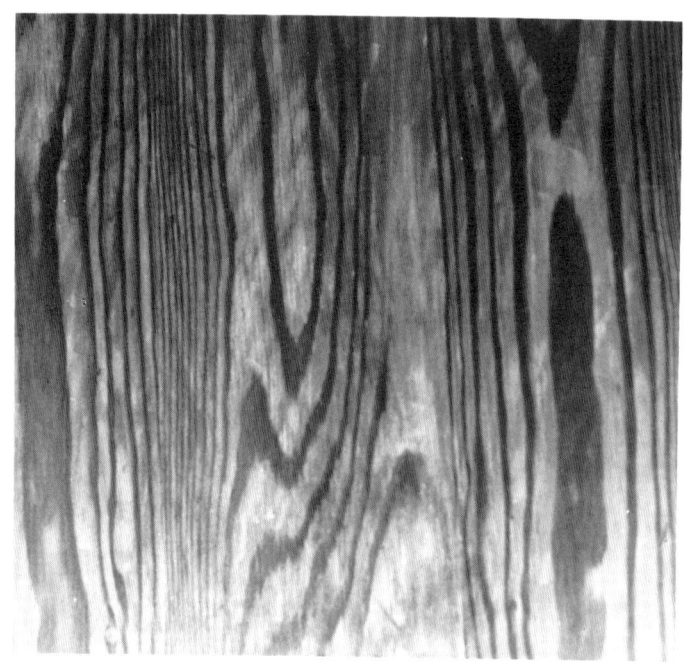

1 Rhythmus bei Naturformen (Holz): Ovale Widerstände werden von den Linien der Holzmaserung umflossen

Bachs stößt auf einen Widerstand, teilt sich und strömt wieder zusammen. Ähnliche »Stromlinienformen« weisen Holzbretter auf: Ovale Widerstände der Holzmaserung werden von Linien umflossen. Die Linien schwingen unregelmäßig und kommen immer wieder zum Ausgleich (vgl. Abb. 1). Deutlich wird das Wesen des Rhythmus auch in seinem Gegensatz, dem *Takt*: Dieser ist starr und mechanisch, in gleiche Einschnitte teilend, das Fremde betonend. Er ist geschaffene Ordnung. *Rhythmus* ist lebendig und gegliedert, er läuft ungestört ab, betont das Verbindende. Er ist organische Ordnung.[11]

Den Rhythmus der Natur aufzuspüren und ihn uns zu eigen zu machen, ist Teil des Natur-Studiums. In Übungen mit Filzstiften und Fäden können wir versuchen, die Harmoniegesetze der Natur nachzuvollziehen (vgl. Abb. 2, 3). Die Eigenspannung

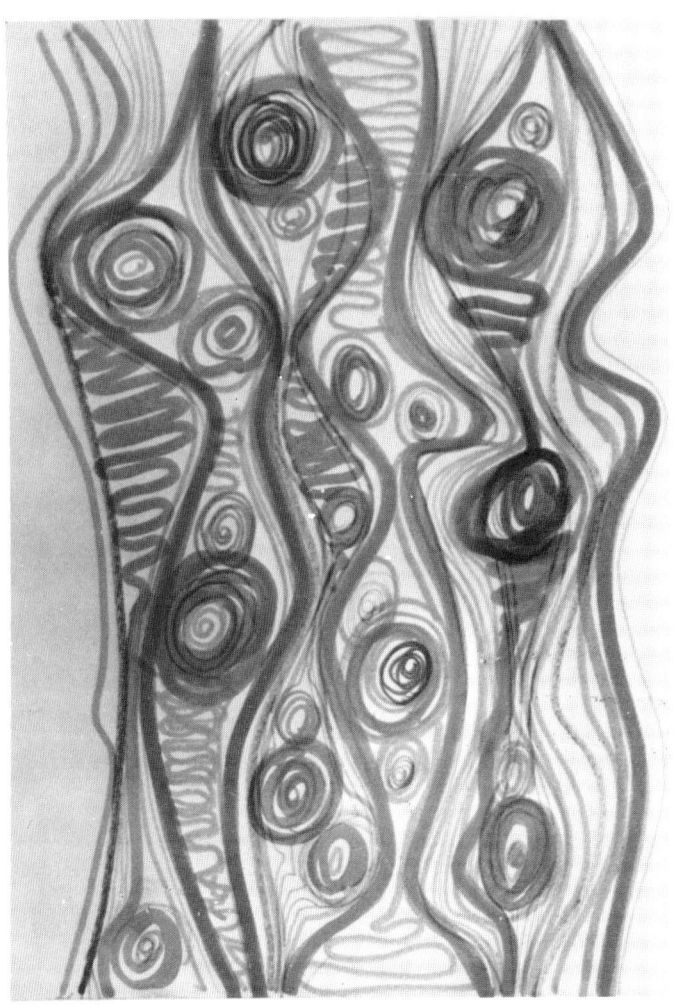

2 Rhythmusübung mit farbigen Filzstiften

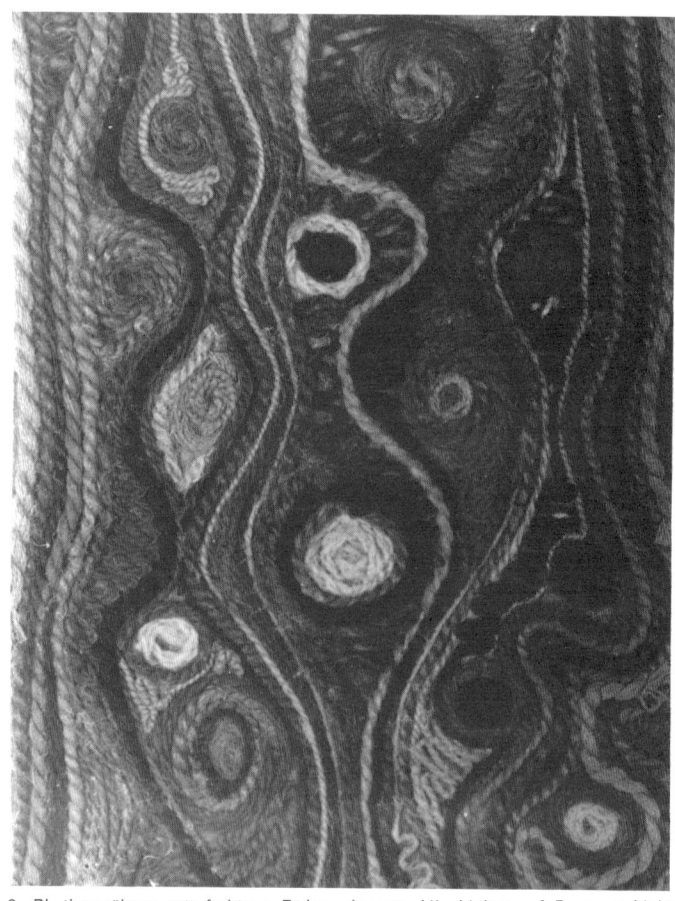

3 Rhythmusübung mit farbigen Fäden, die mit Alleskleber auf Pappe geklebt wurden

von Kordeln ermöglicht, organische Schwingungsverhältnisse darzustellen. Die Fäden legen sich in Schwünge und Kurven, öffnen sich vor »Inseln« und finden wieder zusammen. Rhythmische Formen als Ausdrucksmittel beim textilen Gestalten lassen sich besonders dort erzielen, wo wir mit dem Faden gestalterisch umgehen (vgl. Abb. 4, 5).

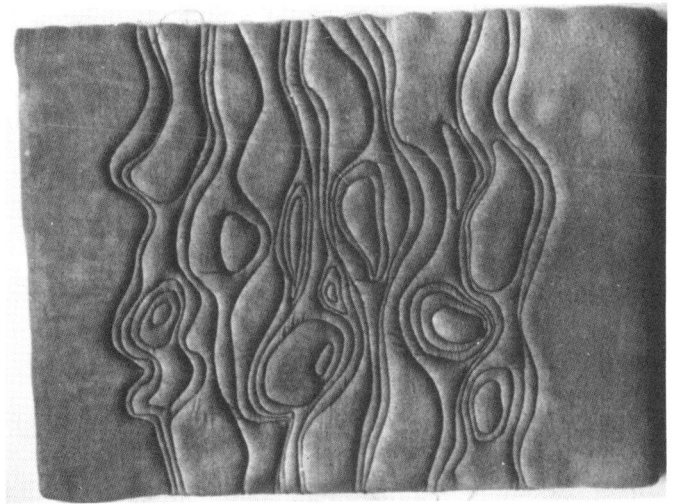

4 Quilting-Arbeit: Rhythmische Linienführung der Steppnaht

Die Komposition

Die textilen Materialien und Techniken kommen der gestalterischen Absicht nach abstrakter Umsetzung von Gegenständlichem entgegen (die Textilie ist vorwiegend flächig, der Gegenstand dagegen plastisch). Das Zusammensetzen (die Komposition) von flächigen Formen ist ein Kennzeichen der *Ornamentik.* Beim Ornament tritt das Inhaltliche zurück hinter der künstlerischen Absicht der formalen Anordnung von bildnerischen Elementen innerhalb der Fläche eines Gegenstandes (vgl. Abb. 6). Häufig ist die Darstellung Träger von symbolischen Inhalten.

Textiles Gestalten ist von seinem Ursprung und von seiner materialen Voraussetzung her primär ornamentales, d. h. schmückendes Gestalten. Daher sind Kompositionsübungen mit abstrakten und abstrahierten (umgesetzten gegenständlichen) Formen sehr nützlich. Sie entsprechen den Übungen der bildenden Kunst und haben mit ihnen gemeinsam die »Punktordnungen verschiedener Art, Reihungen, Streuungen, Zentrierungen,

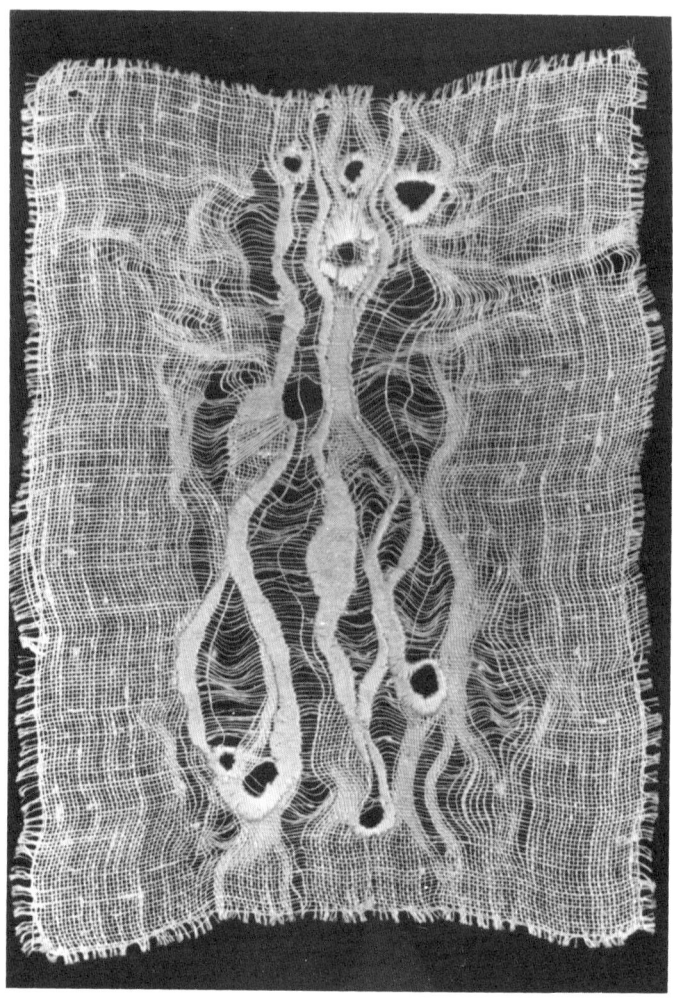

5 Rhythmische Bewegungen durch Verschiebung des Gewebes (Leinen)

6 Flächenapplikation in Leinen und Wolle, 20 x 10 cm: Die Umsetzung eines
Motivs ins Flächig-Dekorative ist ein Kennzeichen der Ornamentik

die Aufdeckung linearer und flächiger Spannungen, Kontrastierungen und Harmonisierungen geometrischer Formen oder freier Rhythmen ...«, mit denen »offene und geschlossene Kompositionswirkungen, Bildspannungen, Verwerfungen, Überschleierungen, Musterungen usw. ausprobiert und ausbalanciert werden«[12].

Unsicherheiten können reduziert werden, indem mit den Ausdrucksmitteln der Gestaltung sparsam und akzentuierend umgegangen wird. In schrittweisem Vorgehen kann im Laufe einiger Zeit größere Sicherheit erworben werden[13]:

a) Einsatz von Farbe + Linie (z. B. Faden-Applikation)
b) Einsatz von Farbe + Linie + Struktur (z. B. freies Weben)
c) Einsatz von Farbe + Linie + Struktur + Fläche (z. B. Stoff-Applikation)
d) Einsatz von Farbe + Linie + Struktur + Fläche + Plastizität (z. B. Spielpuppe)

Es können hier keine ausführlichen Erläuterungen zur Kompositionslehre gegeben werden, sondern lediglich einige Hinweise, die Akzentuierung und Proportionierung betreffen.

Die Dominanz eines Farbelements (z. B. grelles Rot) kann sich durch einen ähnlichen Akzent (z. B. grelles Violett) in der Wirkung aufheben, ebenso wie einander gleichende Strukturen. Bei der formalen bzw. proportionalen Anordnung von Formen ist eine starre Ordnung von Gleichem oder Ähnlichem zu vermeiden. Ausschließlich gleichartige (Abb. 7/1) oder ausschließlich extreme Größenverhältnisse (Abb. 7/2) sind einer Komposition ebenso abträglich wie die reine Häufung statt rhythmische Anordnung von Formen (vgl. Abb. 7/3).

Das Spiel mit den Mitteln

Wer kennt die Situation nicht: Man sitzt vor einem leeren Blatt Papier und sucht vergeblich nach einem Anfang. Man wartet auf die »Eingebung«, auf die Idee. Der Verstand vermag die »Mauer« nicht zu durchbrechen. Es fehlt die Hinführung, viel-

7 Nicht zu empfehlende Größenverhältnisse und Formen-Anordnung

leicht die schöpferisch stimulierende Umgebung des Raumes oder die Anwesenheit eines Menschen.

Eine Form der Hinführung ist das spielerische Tun, es kann diesen Zustand beenden. Im Spiel steckt der Zufall und die Improvisation. Beide beflügeln die Eingebung und befruchten die Planung. Unbewußtes und Bewußtes lösen einander ab; das lockere, zweckfreie Spiel wird zweckgerichtet, indem es spielerisch Erkenntnisse vermittelt.

Im Spiel mit den textilen Materialien untersuchen wir ihre Eigenschaften und Merkmale. Beim gedankenlosen Betasten, Auseinandernehmen oder Zerfasern einer Kordel, beim Knautschen, Zerknittern, Zerrupfen oder Zerreißen eines Gewebes stoßen wir auf gestalterische Möglichkeiten und erhalten Anregungen für unsere gestalterische Planung (vgl. Abb. 8, 9, 10, 11).

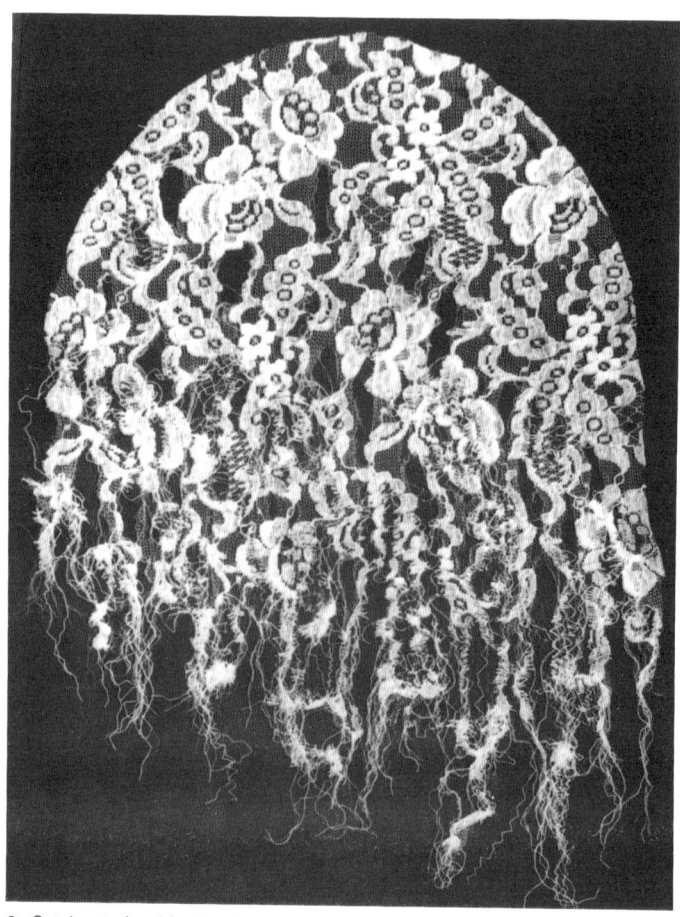

8 Spiel mit den Mitteln: Beim Zerrupfen einer Spitzengardine entstand diese Quallenform

9 Spiel mit den Mitteln: Reste einer alten Fußmatte aus Kokosfasern ▷

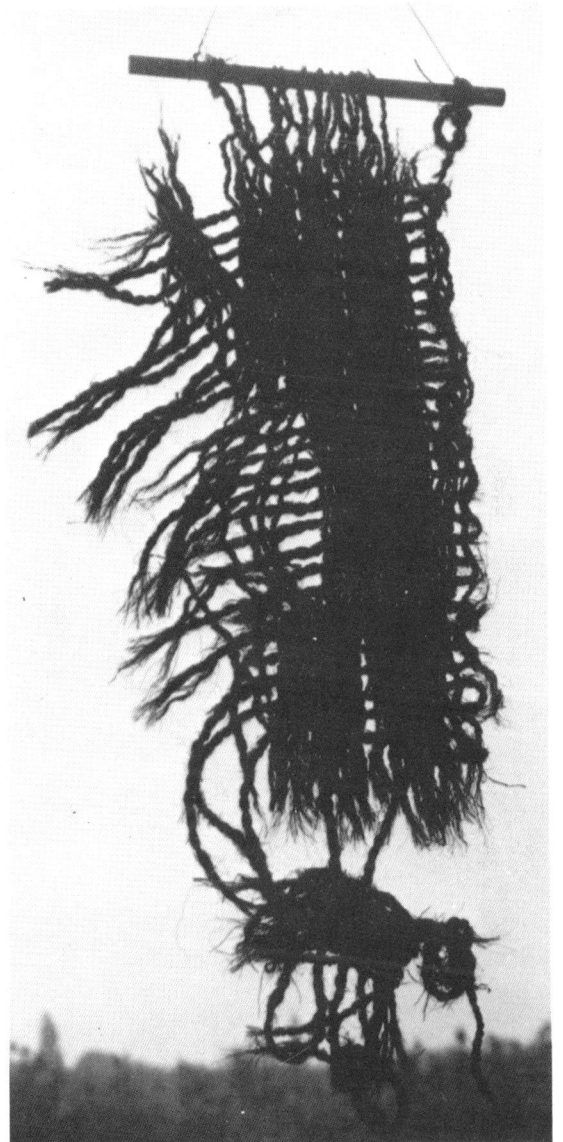

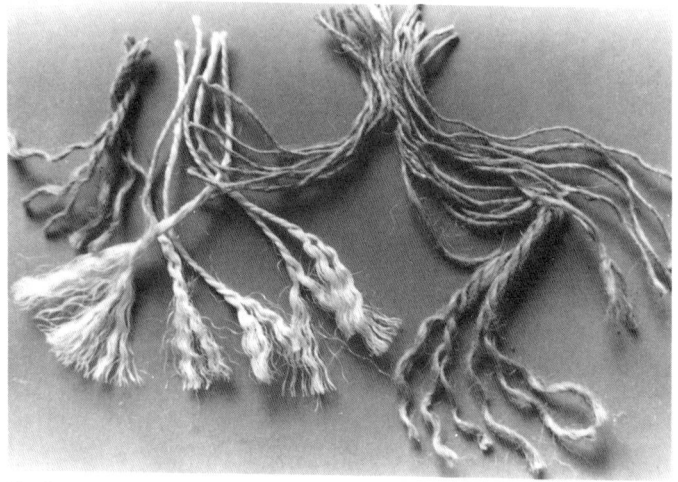

10 Spiel mit Fäden: Gegendrehen und Ausfransen der Enden

11 Sisalkordeln in verschiedenen Texturen, Stärken und Farben

Das Spiel kann zu gezielterem Tun überleiten, indem die so gefundenen Wirkungen zu Kontrasten zusammengestellt werden. Die unterschiedliche Textur der Materialien, z. B. die Verdrehung der Fasern und Fäden, ergibt beim Ausfransen verschiedene Wirkungen: Wir erhalten mehr oder weniger starkbogige Fasern oder Fäden, Faden- und Faserbüschel oder quastartige Formen. Wir können vielleicht in diese Formen etwas hineinsehen; oder wir entdecken, daß damit eine Gestaltungsidee realisiert werden könnte, die uns vorschwebt.

In der spielerischen *Demontage* der Texturen, im Gegendrehen, Zerfasern oder Auseinandernehmen werden ihre gestalterischen Möglichkeiten sichtbar. In der *Montage,* im Zusammenfügen zu etwas Neuem, gelangen wir zu eigenen Ausdrucksformen (vgl. Abb. 12). Im spielerischen Legen oder Verknoten erfahren wir technische Behandlungsweisen des jeweiligen Materials. Je nach Sprödigkeit oder Elastizität lassen sich die Garne und Kordeln verschieden verarbeiten und gestalterisch nutzen. Das abgebildete Beispiel zeigt Quastenbildung (Abb. 13/1), bo-

12 Spiel mit den Mitteln: Verknoten und Verweben (Hanf, locker gedreht)

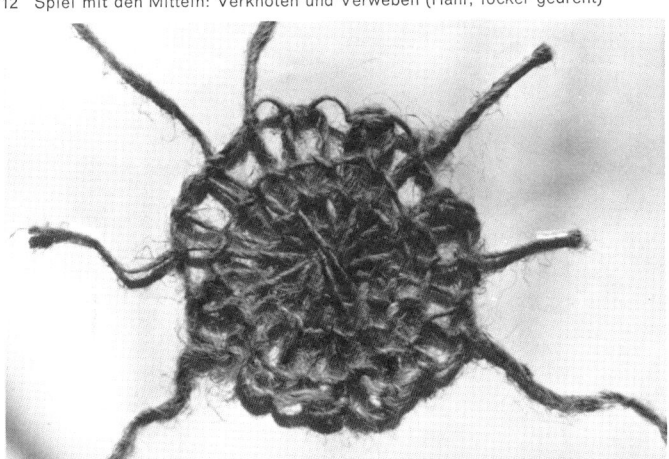

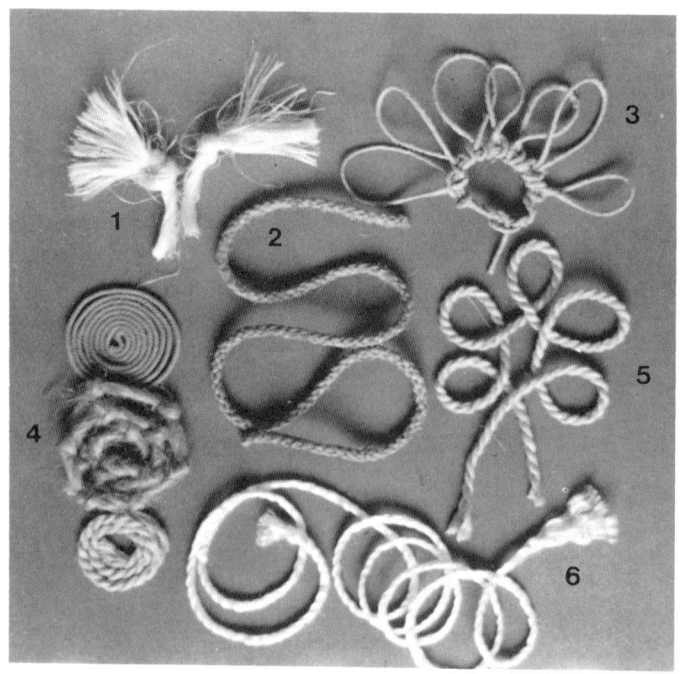

13 Spielerisches Legen oder Verknoten: 1 Quastenbildung – 2 bogiges Legen – 3 verknotete Schlingen – 4 spiralige Formen – 5 Legen von Kreisen – 6 aufgelöste Spirale

giges Legen (Abb. 13/2), verknotete Schlingen (Abb. 13/3), spiralige Formen (Abb. 13/4), Reihung von Kreisen (Abb. 13/5), eine aufgelöste Spirale (Abb. 13/6). Durch Verschieben der Fäden des Gewebes wird die Geradlinigkeit des Fadenverlaufs zerstört. Destruktion mit dem Ziel der Konstruktion: Auch hier führt die Veränderung zu etwas Neuem (vgl. Abb. 14).

Das Spiel mit den Mitteln ist besonders geeignet, schöpferische Kräfte freizumachen und ästhetische Sensibilität zu bewirken. Spieltrieb und Entdeckerfreude werden dabei als Antrieb erlebt. Die Frage der Nützlichkeit bleibt im Hintergrund.

Das Natur-Studium

Das optische Gedächtnis des Menschen erschwert es ihm, anderes zu sehen als »Augenwürmer«, d. h. optische Klischee-Vorstellungen von Gegenständen (Baum, Blume, Haus); sie werden beim Gestalten in immer gleicher Form aus dem Gedächtnis wiedergegeben.

Das Erfinden aus dem Material heraus eröffnet uns eine Möglichkeit, frei und ohne Nachahmung zu gestalten. Das Studium der Natur ist ein anderer Weg, vorhandene Klischee-Vorstellungen zu umgehen und zu neuen Gestaltungslösungen zu gelangen. Beide – das Spiel mit den Mitteln und das Natur-Studium – ergänzen sich. Im Vorgehen sind sie unterschiedlich. Wir untersuchen zunächst die Naturform und übersetzen sie dann in textile Technik (sie schließt das Material ein).

Die Untersuchung der Naturform kann in ihrer Demontage bestehen: Wir zerlegen einen Blütenkelch oder halbieren einen Rotkohlkopf. Wir betrachten die Schönheit und Gesetzmäßig-

14 Durch Verschieben und Ausziehen der Fäden wird die Geradlinigkeit des Fadenverlaufs aufgelöst (Rupfengewebe aus Jutefäden)

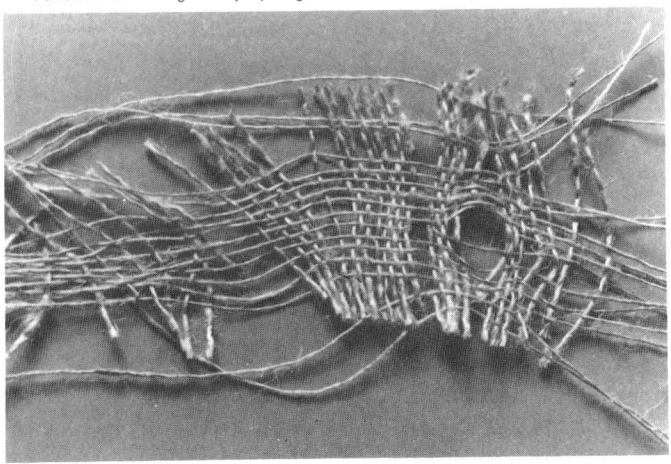

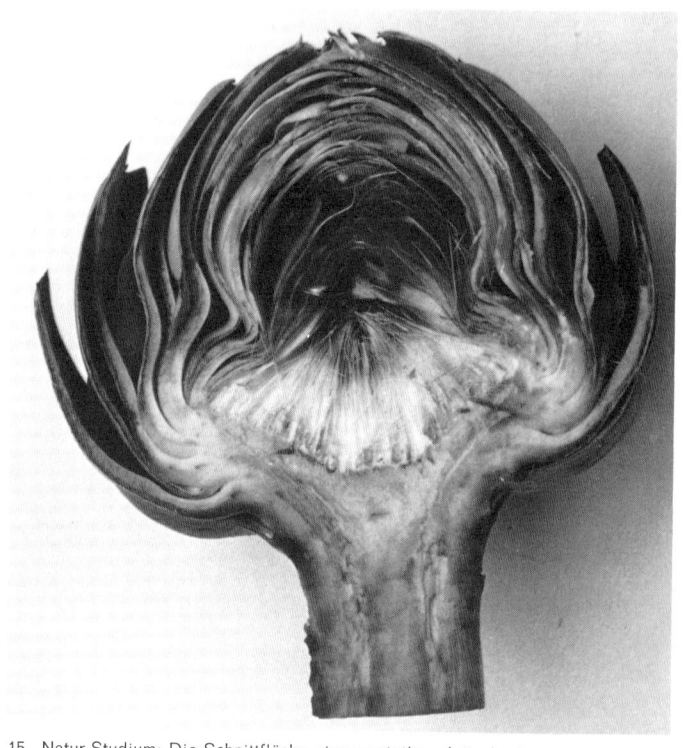

15 Natur-Studium: Die Schnittfläche einer zerteilten Artischocke

keiten der Formen, die rhythmischen Zusammenhänge des Wuch-
ses und der Bewegung. Als Formprinzipien nehmen wir sie in
uns auf. Es geht dabei weniger um die exakte Wiedergabe. Die
Schnittfläche einer zerteilten Artischocke (Abb. 15) wurde in
eine Applikation mit Stickerei übersetzt (Abb. 16, Farbabb. 9).
Die Naturform zwingt zur Auseinandersetzung mit dem textilen
Material und den textilen Techniken. Ihre optimale Ausnutzung
bei der Umsetzung ist ein gestalterischer Akt. Paul Klee formu-
lierte treffend: »Führen Sie Ihre Schüler zur Natur, in die Natur ... Lassen Sie sie erleben, wie sich eine Knospe bildet, wie

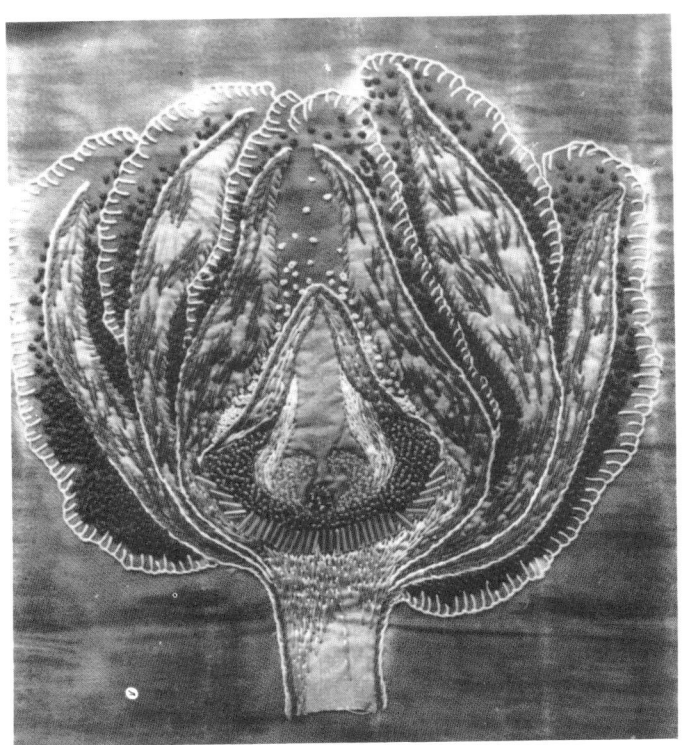

16 Übersetzung des Artischocken-Motivs (Abb. 14) in Applikation mit Gesticke
(vgl. Farbabb. 9)

ein Baum aufwächst, wie sich ein Falter auftut, damit sie ebenso
reich werden, ebenso beweglich, ebenso eigensinnig wie die große
Natur. Anschauung ist Offenbarung, ist Einblick in die Werk-
statt der Schöpfung. Dort liegt das Geheimnis.«[14]

Heute erfährt der Natur-Begriff eine Erweiterung durch neue
Seh-Erfahrungen. Die Technik ermöglicht neue Einblicke in die
Natur: Durch Mikro- und Makroaufnahmen, durch Röntgen-
fotos und Strahlungsbilder, durch das Sichtbarmachen von Vor-
gängen und Bewegungen mit fototechnischen Mitteln (z. B. Was-
serspritzer bei $^1/_{1000}$ sec., Landschaften aus der Vogelperspektive

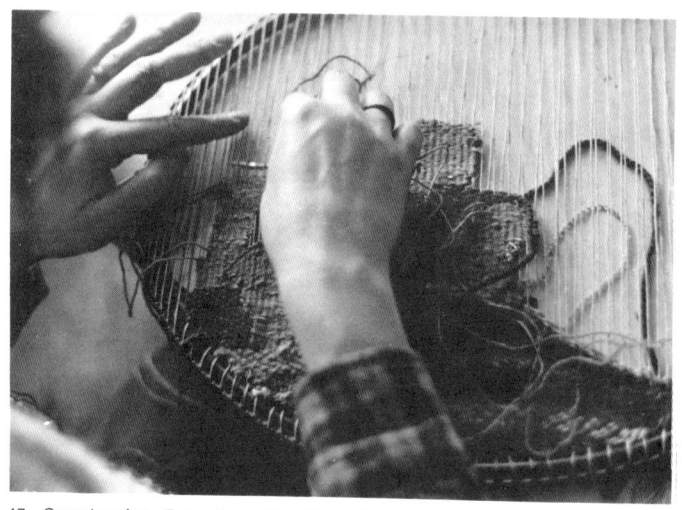

17 Gestaltendes Entwerfen: Der Entwurf wird im Arbeitsprozeß entwickelt. Weben auf Rundrahmen

des Flugzeugpassagiers fotografiert). Diese Bilder vermitteln nicht die gewohnte räumlich-perspektivische Ordnung, sondern sie demonstrieren die ihnen innewohnende Ordnung von Form, Ausdruck und Funktion.

Der Entwurf

Auf die verschiedenen Formen des Entwurfs wird bei der Beschreibung der einzelnen textilen Techniken näher eingegangen. Entwurf und Technik stehen in Beziehung zueinander. Hier soll daher zunächst nur auf Grundsätzliches hingewiesen werden.

Ein Entwurf kann nur als eine Art Verständigungs-Skizze dienen, in der Vorstellungen »notiert« werden. Die textilen Elemente sind reichhaltiger, als die Zeichnung sie wiederzugeben vermag. Der gezeichnete Punkt der Gestaltungsskizze, die »Notiz«, kann in einem Knoten aus Seiden- *oder* Wollgarn bestehen.

Die Linie kann gestickt werden oder in einer Falte bestehen. Die gleiche Farbe fällt in der jeweiligen textilen Technik und bei unterschiedlichen Materialien anders aus.

Entwürfe anhand und mit dem Material sowie in der Arbeitstechnik werden textilem Gestalten eher gerecht: Im Entwurfsprozeß wirkt das Material anregend mit, da die Gestaltungsmittel in die materialgebundenen Gesetzmäßigkeiten und Verarbeitungsmöglichkeiten eingeordnet werden.

Beim gestaltenden Entwerfen, wie es das Abbildungsbeispiel 17 zeigt, entwickelt sich der Entwurf aus einer groben Vorüberlegung. Im voranschreitenden Arbeitsprozeß wird das jeweils ausgeführte Teilstück Grundlage für die weitere Gestaltung (vgl. die Kapitel *Weben* und *Knüpfen*).

Das textile Material

Begriffssystematik

Wie bereits erwähnt, erfaßt der Begriff »textiles Gestalten« zweierlei: die gestalterische Tätigkeit und den Werkstoff Textilie, mit dem gestaltet wird. Wir gestalten *mit* dem Material und verwenden Material *für* das Gestalten.

Die Kenntnis des Materials ist daher eine wesentliche Voraussetzung für den Gestaltungsprozeß. Neben optischen und haptischen (Tast-)Erfahrungen nutzen uns beim gestalterischen Umgang mit den textilen Materialien Kenntnisse über die Faserart, die Fügung oder Verbindung der Fasern oder Fäden.

Die Umgangssprache stellt für die Bezeichnung der einzelnen Arten textiler Materialien nur unzureichende und zum Teil widersprüchliche Begriffe bereit. Um zu einer klaren und einheitlichen Begriffssystematik und -abgrenzung zu kommen, verwenden wir Begriffe nach Schnegelsberg[15].

Textilien sind »morphologisch bestimmbare, gestaltete *Gefüge* aus verspinnbaren ... Fasern«[16]. Der *Faden* wird als »filiform zusammengesetztes *Gebilde*« erklärt[17]. »Fäden werden *Gefüge*, wenn ihre tektonische Bestimmtheit erstrangig ist, was bei *Garnen* der Fall ist.«[18]

Oder vereinfacht: Der Begriff »Garn« bezeichnet etwas Zusammengefügtes, das »Gefüge«. Mit »Faden« ist das gleiche gemeint, nur begrifflich unterschieden: »Faden« betrifft die äußere Gestalt, das »Gebilde«. Wir kaufen Garn (nicht: Fäden) als Ware. Aber wir gestalten mit Fäden (nicht: mit Garn), obgleich das gekaufte Garn gemeint ist.

Es gibt verschiedene Garne: Wenn ein Garn aus zwei oder mehr Fäden besteht, die einander umdrehen, handelt es sich um *Zwirn*. Werden die Fäden jedoch miteinander verflochten, entsteht eine *Kordel* (Rundgeflecht) oder ein *Flechtgarn* (aus drei bis sechs Fäden).

Ist die äußere Gestalt flächenförmig (planar), so handelt es sich um *Flächengefüge*. Je nachdem, wie die Fäden in einem Flächengefüge verbunden werden, lassen sich unterscheiden: Gewebe, Gewirke oder Gestricke, Nähgewirke oder Geflecht. Auch die verspinnbare Faser kann flächig geordnet werden: Watten, Vliese, Filze[19].

Fasern

Eine Faser ist ein elementares Gebilde, d. h. sie kann nicht weiter in Bauelemente zerlegt werden. Für die Weiterverarbeitung zu Fäden oder Flächengebilden muß sie verspinnbar sein (Papier besteht aus nicht verspinnbaren Fasern). Die nachfolgende Übersicht gliedert die im Bereich des textilen Gestaltens gebräuchlichen Fasern:

I. Naturfasern
  A. *Pflanzliche Fasern*
    1 Pflanzenfasern: Baumwolle
    2 Bastfasern: Flachs (Leinen), Hanf, Jute, Ramie
    3 Hartfasern: Kokos, Sisal, Manila
  B. *Tierische Fasern*
    Wolle und Haare: Schur-, Mohair- und Kamelwolle
  C. *Mineralische Fasern*
    Asbest
II. Chemiefasern
  Nylon, Perlon u. a.

Fäden

Fäden werden vor allem bei flächenbildenden Techniken eingesetzt (Weben, Wirken, Stricken, Knüpfen, Flechten), aber auch
bei flächenverzierenden Techniken (Sticken, Applizieren). Der
gestalterische Umgang mit dem Faden setzt voraus, daß wir
seine Eigenschaften kennen: Faser- und Fadeneigenschaften,
Garntextur, Materialbeschaffenheit und Verarbeitungseigenschaften.

Die Auswahl des geeigneten Materials ist bereits Teil des Ge-
staltungsprozesses. Materialerfahrungen und -kenntnisse erleichtern die Gestaltungsarbeit und verhindern Mißerfolge. Der Anfänger kann nicht sofort mit ähnlichen Ergebnissen aufwarten,
wie der im Umgang mit textilem Material »Erfahrene«. Er
kann sein gestalterisches Tun zunächst als Probier- und Experi-
mentierphase ansehen und Erfahrungen »sammeln« (vgl. Abb.
10, 11, 12, 15).

In der Übersicht auf S. 41 sind die Eigenschaften des Fadens
zusammengestellt. (Die wechselseitige Abhängigkeit von Gestaltung und Technik einerseits und Gestaltung und Materialeigenschaften andererseits werden in dem Kapitel *Knüpfen* an praktischen Beispielen deutlich.) Sisal z.B. weist folgende Verarbeitungseigenschaften auf: steif, starr, spröde, störrisch, widerspenstig
und hart; seine optischen Eigenschaften sind: grob, derb und
faserig; seine haptischen Eigenschaften: hart, kratzig, bürstig
(vgl. auch Abb. 11).

Flächengefüge

Ein Gewebe – manuell oder maschinell angefertigt – ist ein Gefüge aus Fäden, im Hinblick auf Gestalt und Aussehen aber ein
Flächengebilde. Bei genauerem Betrachten eines Gewebestücks
können wir die Verbindung erkennen, d.h. die Art, wie die
Fäden miteinander verkreuzt sind (vgl. die Tabelle, S. 41).

Jede Bindung ist gefügt aus Bindearten nach den Regeln der
Bindeweisen. Die Art und Weise von Fügung *und* Verbindung

Eigenschaften von Fäden
(durch Fasertyp bedingt)

Verarbeitungseigenschaften	optische Eigenschaften	haptische (Tast-)Eigenschaften	nach Material bezeichnet
steif: Sisal — *geschmeidig:* Jute (Rupfen), Seide, Wolle	*matt, stumpf:* Hanf, Jute (Rupfen) — *glänzend:* Nylon, Perlon etc., Flachs (Leinen), Seide	*hart:* Nylon, Perlon etc., Hanf, Sisal — *weich:* Wolle	*wollig:* Hanf, Jute (Rupfen), Wolle — *metallig:* Nylon, Perlon etc.
starr: Nylon, Perlon etc., Sisal — *elastisch:* Flachs (Leinen), Jute (Rupfen), Wolle	*grob, derb, rustikal, ruppig:* Flachs (Leinen), Jute (Rupfen), Hanf, Sisal — *zart, fein:* Nylon, Perlon etc., Seide *glatt:* Nylon, Perlon etc., Seide	*rauh:* Flachs (Leinen), Jute (Rupfen), Sisal — *glatt:* Nylon, Perlon etc., Seide *samtig:* Nylon, Perlon etc., Hanf	*seidig:* Nylon, Perlon etc., Flachs (Leinen), Seide — *strobig:* Sisal
spröde, störrisch, widerspenstig: Sisal — *biegsam, fügsam:* Flachs (Leinen), Hanf, Jute (Rupfen), Seide, Wolle	*faserig:* Flachs (Leinen), Hanf, Jute (Rupfen), Sisal, Wolle *flusig:* Jute (Rupfen), Wolle *noppig:* Jute (Rupfen), Flachs (Leinen), Hanf	*bürstig, kratzig:* Sisal — *wollig:* Hanf, Jute (Rupfen), Wolle	*samtig:* Nylon, Perlon etc., Hanf — *bastartig:* Nylon, Perlon etc., Hanf, Sisal

der Fäden wird mit *Textur* bezeichnet[20]. So ist die Textur des Gewebes gefügt aus der Reihung von Kette und Schuß und verbunden als Verkreuzung (vgl. die folgende Tabelle).

Die Verkreuzung ist dabei nur *eine* mögliche Form der Verbindung. Weitere sind: Haftung, Verklebung, Verschlingung und Umdrehung[21]. Die Textur bezieht sich sowohl auf Flächengebilde als auch auf den Faden: Besteht die Verbindung in einer Umdrehung, so handelt es sich um die Textur des Zwirns oder der Kordel.

Textur
Fügung

	Reihung	Häufung	Schichtung
Fäden	Kette/Schuß	Gesticke	Kreuzstich
Flächengebilde	Bekleidung	Applikation	zwei Teile aufeinandergeklebt

Textur
Verbindung

Haftung	Verklebung	Verschlingung	Umdrehung	Verkreuzung
nur bei Fasern (Watte)	–	Gestricke, Gewirke	Kordel, Zwirn	Gewebe
	zwei Teile aufeinandergeklebt	–	–	Klöppelspitze, Bobinets

Schema (nach Schnegelsberg[22])

Vor allem die Form der Textur von Faden und Flächengebilde hat für die Gestaltung mit textilen Materialien Bedeutung. Ein Flächengebilde kann aus locker gewebten Jutefäden *gestaltet* sein, es handelt sich dann um Rupfen. Durch Verschieben der Fäden (aus Jutefasern) wird die Geradlinigkeit des Fadenverlaufs aufgelöst. Die – durch den Herstellungsprozeß des Gewebes – bereits gestaltete Form wird durch unseren gestalterischen Willen verändert, wobei die Verbindungsart, bestehend aus Verkreuzung und Fügung aus Kette und Schuß, erhalten bleibt (vgl. Abb. 13).

Fasern, Fäden und Flächengebilde als Gestaltungselemente

Zwischen der Gestalt der Textur einerseits und dem gestalterischen Tun andererseits besteht ein enger Zusammenhang, der im folgenden näher erläutert wird.

Die Textur von Rupfen wirkt grob-derbkräftig, rauh, faserig und lebendig. Auge *und* Hand erfassen diese Eigenschaften gleichermaßen[23]. Die tastende Hand schiebt die Fäden aus ihrer Lage, während das Auge den Vorgang mitvollzieht. Dabei wird das Faserige mit dem Auge ebenso wahrgenommen, wie die Hand es ertastet: Optische und haptische Qualitäten werden zur gleichen Zeit angesprochen.

Die Eigenschaften besitzen einen eigenen Aufforderungscharakter. Die lockere Bindung des Rupfens provoziert zum Verschieben, Durchlöchern und Ausziehen der Fäden. Optische und haptische Eigenschaften verlangen nach Kontrasteigenschaften (nach ihrem Gegensatz) oder nach Wechsel mit ähnlichen Materialeigenschaften. Kontraste ergeben sich aus polaren Eigenschaftspaaren: glatt – kraus, grob – fein, metallig – wollig, biegsam – spröde, elastisch – starr, stumpf – glänzend, locker – dicht u. a.

Das Webstück in Abbildung 27 besteht in der Kombination von Jutefäden und Kunstseide. Polare Gegensatzpaare sind hier matt – glänzend sowie faserig-rauh – glatt.

Bei Fäden geht der Aufforderungscharakter von der Garntextur aus (Faser- und Fadeneigenschaften, Oberflächenbeschaffenheit). Wir können die Art der Drehung oder Verkreuzung der einzelnen Fasern und Fäden eines Garns oder einer Kordel untersuchen. Durch Umformung wird die ursprüngliche Gestalt verändert: Wenn wir z. B. das Ende einer Kordel gegendrehen oder ausfransen, erhalten wir ein Faser- oder Fadenbüschel (vgl. Abb. 10, 11).

Eine Fadeneigenschaft kann in der starken Eigenspannung des Fadens bestehen. Beim Legen des Fadens auf einen Stoffgrund lassen sich Bögen, Schlingen oder spiralförmige Windungen bilden, die von der Eigenspannung des Materials mitgestaltet werden (vgl. Abb. 13).

Eine andere Fadeneigenschaft kann in ihrer Störrigkeit bestehen, wie sie für die Sisalkordel typisch ist (vgl. Abb. 11). Es leuchtet ein, daß diese Eigenschaften nicht nur mit der Hand beim Hantieren mit dem Material erfahren werden, sondern daß das Auge die gleichen Informationen erhält. Das läßt sich an einem einfachen Beispiel demonstrieren: Wir legen ein aufgelöstes Knäuel Wolle neben Sisalkordel. Durch das Auge wird erfahren, um wie vieles weicher, wärmer, fügsamer die Wolle (Abb. 18) gegenüber der harten, störrischen und unelastischen Sisalkordel ist.

18 Wolle: 1 handgesponnen und -gefärbt (braun) – 2 handgesponnen und -gefärbt (weiß) – 3 Wollgarn in mittlerer Stärke – 4 Wolle, mit Hanffaser gemischt – 5 Wollgarn (Teppichwolle)

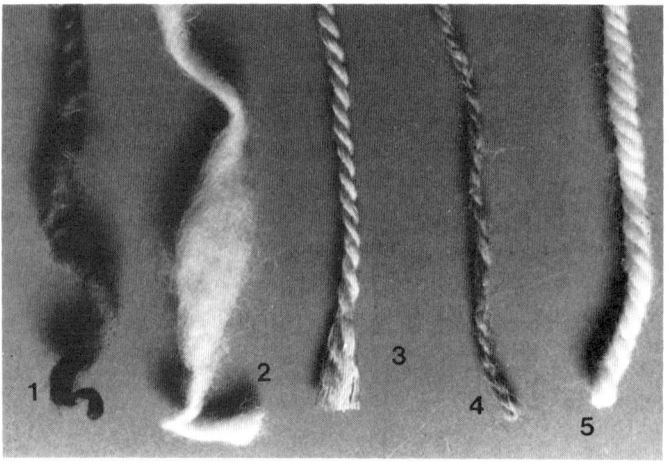

Die textilen Techniken

Das Weben

Die umfangreichen technischen Erfahrungen dieser Tausende von Jahren alten Technik wurden in einer Reihe von Büchern dargelegt (vgl. *Literaturhinweise*). Haben wir jedoch den Gestaltungsprozeß im Auge, so bedarf es allerdings nur wenig Aufwand an technischem »Gewußt wie« und Werkzeug. Für den Anfang muß es nicht gleich ein richtiger Webstuhl sein. Die Webstücke sollen nicht ewig halten, und sie müssen nicht in übergroßen Formaten angelegt werden. Gestaltungsprinzipien des Webens lassen sich auch an kleinen Webstücken ausprobieren und anwenden, und wer seine besondere Liebe zum Weben dabei entdeckt, kann sich mit mehr technischem Perfektionismus und Spezialliteratur versorgen. Wir wollen hier »klein« anfangen und improvisieren.

Grundbegriffe

Weben ist eine flächenbildende Technik, bei der Fäden miteinander verkreuzt werden. Zunächst werden Fäden senkrecht gespannt, wobei die unterschiedliche Dichte von der gestalterischen Absicht oder von der Fadenstärke abhängt. Diese Fäden nennen wir *Kettfäden*. In diese Fadenreihung werden weitere Fäden quer eingezogen bzw. eingestopft; hierbei sprechen wir von *Schußfäden*. Mit *Bindung* wird die Art und Weise bezeichnet, in der die Kettfäden (die längs gespannten Fäden) und die Schußfäden (die quer eingezogenen Fäden) miteinander ver-

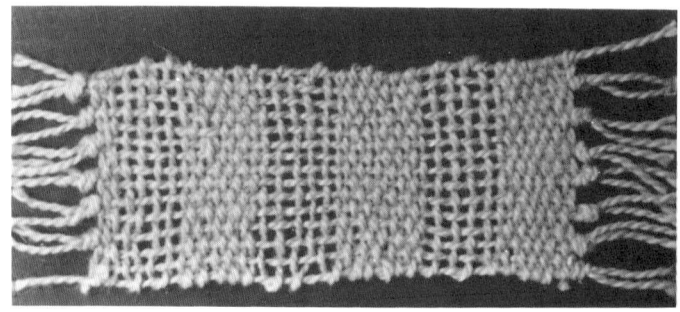

19 Leinwandbindung: dicht und locker gewebt

kreuzt sind. Wir werden uns hauptsächlich mit der einfachsten Bindung, der *Leinwandbindung*, beschäftigen, die dem Stopfvorgang entspricht und daher auch mit »Stopfweben« bezeichnet wird (vgl. Abb. 19). Bei der Leinwandbindung werden gleich starke Fäden für Kette und Schuß genommen und die Fäden der beiden Fadensysteme in gleichen Abständen angeordnet. Wir unterscheiden daneben einige Ableitungen der Leinwandbindung: Schußrips, Kettrips, Panama, Gerstenkorn und Waffelbindung.

Bei der *Ripsbindung* ist die Anordnung der Fäden in einem der beiden Fadensysteme (z. B. Schuß) so dicht, daß die Fäden des anderen Systems (Kette) nicht mehr sichtbar sind. Dadurch entsteht eine geschlossene, gerippte Oberfläche des Gewebes. Dichte Anordnung der Kettfäden ergibt Kett- oder Querrips, dichte Anordnung der Schußfäden Schuß- oder Längsrips (vgl. Abb. 20).

Der Webrahmen

Das Prinzip des Stopfens ist uns vertraut. Wir wollen versuchen, diesen Vorgang zu vereinfachen und zu beschleunigen, indem wir ihn durch Hilfsmittel stärker mechanisieren. Dazu benutzen wir einfache Geräte; denn nicht durch perfekte Arbeitsgeräte lernen wir besser zu gestalten, sondern durch Improvisieren mit einfachen Hilfsmitteln. Die Empfehlungen, die hier gegeben werden, sollen nur als Anstöße dienen, das passende Gerät zu finden. (Der große, käuflich zu erwerbende Handwebrahmen wird hier ausgeklammert, da es zu dessen Bedienung einer besonderen Anleitung bedarf.)

Der primitivste Webrahmen besteht aus einem Stück *Pappkarton* mittlerer Stärke, das etwas größer ist als das beabsichtigte Webstück. Am oberen und unteren Ende können in dem für die Kettfäden vorgesehenen Abstand Kerben angebracht werden. In diese werden die Kettfäden gespannt.

Statt der Papprückwand kann auch eine *Sperrholz- oder Holzspanplatte* genommen werden, in die zum Festhalten der Kettfäden kleine Nägel geschlagen werden. Mit diesen »Rahmen« lassen sich kleinere Webstücke anfertigen, was der Qualität und Differenziertheit der Gestaltung nicht abträglich zu sein braucht.

20 Ripsbindung: Durch verschiedenartiges Einlegen der Schußfäden werden unterschiedliche Musterungen erzielt

Für größere Webarbeiten läßt sich ein alter *Bilderrahmen* verwenden. Die einfachste Art, die Kettfäden aufzuspannen, besteht im Umwickeln des Rahmens. Damit beim Weben die rückwärtigen Fäden nicht irritieren, schiebt man ein Stück Karton oder Papier ein. Ist die Webarbeit fertig, werden die rückwärtigen Fäden in der Mitte zerschnitten und verknotet (vgl. den Abschnitt *Abschlußarbeiten*).

Weniger Material für die Kettfäden benötigt man beim *Nagelrahmen*. Ein beliebig großer Rahmen wird aus vier Latten zusammengenagelt und durch Holz- oder Metallwinkel verstärkt. Dann werden in die obere und untere Latte Nägel im gewünschten Abstand für das Kettfadensystem versetzt eingeschlagen. Für das Versetzen der Nägel gibt es zwei Gründe: Erstens besteht weniger Gefahr, daß das Holz beim Einschlagen der Nägel spleißt, und zweitens lassen sich auf diese Weise die Kettfäden sehr dicht spannen. Als Nägel nimmt man sogenannte »Senkköpfe«. Die Kettfäden werden um je ein Nagelpaar gelegt und gespannt (vgl. Abb. 28). Die fertige Webarbeit kann auf dem Nagelrahmen belassen werden.

Für das Rundweben sind *Rundwebrahmen* in Holz, Plastik oder Draht im Handel erhältlich.

21 Bildung eines »Fachs«: Fach a) wird nach oben und unten geschoben. Fach b) muß bei jedem Arbeitsgang eingeschoben und wieder herausgezogen werden

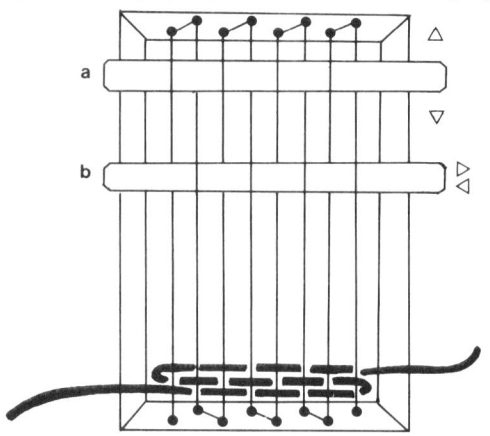

Das Vorgehen beim Weben

Fadensysteme

Beim Spannen der Kettfäden müssen wir auf gleichmäßige Spannung achten. Zur Stabilisierung können am Rand ein bis zwei Kettfäden doppelt genommen werden. Der eigentliche Webvorgang beginnt damit, daß die Webnadel (eine grobe Nadel mit stumpfer Spitze) mit dem Schußfaden abwechselnd unter und über je einen Kettfaden geschoben und beim letzten Kettfaden gewendet wird. Nach dem Wenden wird der Schußfaden gegengleich eingeschoben (Hoch-tief-Prinzip).

Der Schußfaden muß *locker* in leichtem Bogen eingelegt werden. Mit einem Kamm (Zähne mit weitem Abstand) wird der Schußfaden nach unten gestreift (»geschlagen«) und in eine gerade Linie gebracht.

Werden die Schußfäden nicht locker genug eingelegt, wird die Webarbeit zur Mitte hin schmäler, sie wirkt dann »tailliert«. Um gerade Kanten zu halten, können wir einen Doppelfaden einflechten und ihn links und rechts am Rahmen festknoten. Er wird im Fortgang der Arbeit nach oben verschoben.

Fachbildung

Wir erleichtern uns den Webvorgang, indem wir ein sogenanntes »Fach« bilden. Dazu benötigen wir zwei Holzleisten, starke Pappstreifen oder Lineale.

Fach a) wird unter die ungeraden Kettfäden geschoben. Dabei entsteht genügend Platz, um die Webnadel bequem durchzuführen. Dann wird das Fach a) nach vorn (unten) geschoben, wobei der Schußfaden angeschlagen wird. Anschließend wird das Fach wieder nach hinten (oben) zurückgeschoben.

Für den rückwärtigen Weg der Nadel wird das Fach b) entsprechend dem Stopfvorgang gegengleich eingeschoben. Wir legen den Faden ein und schieben ihn mit Fach b) ganz nach unten. Vor dem nächsten Arbeitsgang muß Fach b) ganz herausgezogen werden (Abb. 21).

Einige Webtechniken

Geschlossene Webweise (bei Schußrips)

Die einfachste Form des Webens ist, den Schußfaden von Rand zu Rand einzulegen (gerade oder im Bogen). Schwieriger wird es, wenn zwei Flächen in unterschiedlicher Farbe oder in verschiedenem Material aneinanderstoßen sollen. Werden sie miteinander verbunden, sprechen wir von einem *Verband.* Dabei

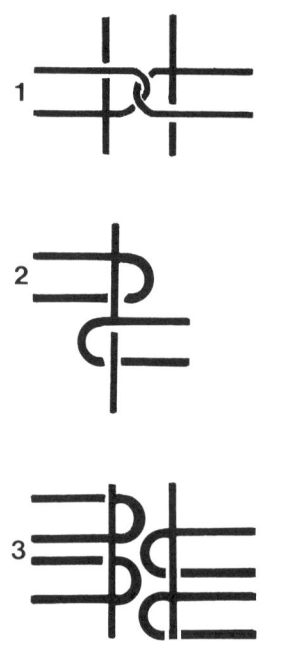

können die Schußfäden zweier angrenzender Flächen miteinander verschlungen (Abb. 22/1) oder um einen gemeinsamen Kettfaden gewunden (»verzahnt«) werden (Abb. 22/2). Das Webstück wirkt geschlossen, Schlitze oder Öffnungen zwischen den gewebten Flächen werden vermieden. Diese in der *Kelim-Technik* angewandte Webweise wird zuweilen durchbrochen: Zwei aneinanderstoßende Farbfelder bleiben unverbunden, indem der Schußfaden der linken Fläche um den letzten und der Schußfaden der rechten Fläche um den ersten danebenliegenden Kettfaden gewendet wird (Abb. 22/3). Die Verbindung wird lediglich durch die senkrechte Kette hergestellt. Die Schlitze können als Gestaltungselement einbezogen werden, wenn sie sichtbar offen gewebt sind. Sind sie unerwünscht, werden sie auf der Rückseite von Hand zusammengenäht.

22 Verbindung von zwei aneinanderstoßenden Flächen: 1 Verschlingung der Schußfäden – 2 »Verzahnung« der Schußfäden – 3 Aneinanderstoßende Flächen mit Schlitzbildung

Offene Webweise

Werden Partien der Kette nicht mit dem Schußfaden ausgefüllt, sondern offengelassen, so erhalten wir ein offenes Raster (vgl. Farbtafel 11). Einzelne Schußfäden können zusätzlich locker in das Gitter der Kettfäden eingehängt werden.

Wird sehr locker gewebt, so erhält man eine lasierende Wirkung der Webfläche (vgl. Abb. 19).

Gewebe mit Schlingen-Effekt

Im Grundgewebe aus Leinwandbindung oder Schußrips werden Fäden eingewebt, die dabei Schlingen in verschiedenster Form bilden. Die Schlingen müssen fest eingebunden sein, damit sie sich nicht herausziehen lassen. Sie können in mehreren Reihen untereinander oder als einzelne Reihe angeordnet werden. Gehalten werden sie von dazwischenliegenden Schußfäden. Die Schlingen können frei und locker auf dem Gewebe liegen, sie können aber auch mit einem Schußfaden angebunden werden.

Schräggestellter Schußrips

Hierbei wird der Schußfaden schräg, rund, bogig, als Welle u. a. eingelegt. Man webt zuerst die Form, und später werden die dazwischenliegenden Zwickel ausgewebt, wobei der schon vorhandenen Form nachgegangen wird (vgl. Abb. 23, 24).

Rundgewebe

Bei der Gestaltung von Rundgeweben können alle bisher dargestellten Techniken angewandt werden. Wie beim rechteckigen Webrahmen läßt sich die Kette in unterschiedlichen Methoden aufspannen. Bei einem einfachen *Holzring* oder *Drahtrahmen* – den man sich notfalls selbst aus starkem Draht zurechtbiegt – wird der Kettfaden einige Male nach links um eine Stelle des Rings gewickelt, dann auf die gegenüberliegende Seite geführt und hier ebenfalls (nach rechts) um den Ring gewickelt. Das

23 Schräggestellter Schußrips: Zuerst wird die Form gewebt. Beim Ausweben der Zwickel wird der vorhandenen Form nachgegangen

24 Senkrechte, waagerechte und diagonale Begrenzungen: Der waagerecht gewebte Schußfaden bestimmt die Form

gleiche wird wiederholt, bis der Ring »Fahrradspeichen« aufweist. Den letzten Faden – man achte auf eine ungerade Fadenzahl – bis zur Mitte führen und dort ein Stück rund (spiralig) verweben.

Einfacher ist das Weben auf einem speziellen *Kunststoffrahmen* mit Zähnchen, in die die Kettfäden eingehängt werden können. Die Zähnchen sind sehr dicht angeordnet, so daß zwischen enger und weiter Kettfadeneinrichtung gewählt werden kann. Im übrigen kann wie oben beschrieben verfahren werden (vgl. Abb. 28).

Soll die Mitte des Rundgewebes offen bleiben, können die Kettfäden in einen Hilfsring eingehängt und zum äußeren Ring geführt werden. Man kann dazu den Rand einer aufgeschnittenen Käseschachtel nehmen oder einen zweiten, kleineren Drahtring (vgl. Farbabb. 10).

Gut geeignet sind auch Fahrradfelgen in mittlerer Größe ohne Speichen. Die Speichenlöcher dienen als Einhäng-Vorrichtung für die Kettfäden.

Beim Gestalten der runden Fläche können die Schußfäden Flächenformen in Abschnitten weben, wobei sie in die Rundform eingepaßt werden. Beim Rundführen des Schußfadens ist darauf zu achten, daß er locker liegt, da sich das Gewebe sonst verzieht.

Gestaltungsmöglichkeiten wie beim rechteckigen Webrahmen lassen sich realisieren, wenn die Fäden statt in der Mitte überkreuzt parallel gespannt werden (vgl. Abb. 28). Plastik- oder Drahtrahmen lassen sich auch in eine ovale Form drücken, wie das abgebildete Beispiel zeigt.

Plastisches Weben

Die einfachste Form plastischen Webens besteht in der Herstellung eines Doppelgewebes. Dazu dient ein grobrastriges Gewebe in Leinwandbindung als Stoffgrund. Ein zweites Gewebe wird hergestellt, indem die Kette in diesem Stoffgrund verankert wird. Dabei kann die Kette in einzelnen Partien gespannt werden. Eine plastische Form kann unter die Kettfäden gelegt werden, so daß diese gewölbt sind; anschließend wird mit dem Schußfaden die Fläche gebildet. Man erhält so gewölbte, gebogene oder lose hängende Teilstücke in unterschiedlichsten Formen. Angewandt wurde das plastische Weben bei der Webmaske (vgl. Abb. 121) und bei dem Fischmotiv (vgl. Abb. 25).

Das Material als Gestaltungselement

Die Wahl des passenden Webrahmens, seine Form und seine Größe sowie die Art und Weise, wie die Kettfäden aufgespannt werden, sind Faktoren der Gestaltung. Als weitere Komponente kommt die Bindungsform hinzu. Hierbei hatten wir uns auf die Leinwandbindung und ihre Ableitung, die Ripsbindung, beschränkt. Wir sollten uns bei unseren Gestaltungsvorstellungen weniger von der Technik als von den Möglichkeiten des Materials leiten lassen.

Im Spiel mit den Mitteln suchen wir nach Materialstrukturen, die sich gegeneinanderstellen lassen. Ausdrucksstarke Strukturen im Wechsel zu weniger strukturiertem Material benötigen selten die Unterstützung von Farben. Zudem geben naturfarbene Töne, die sich nur in Nuancen voneinander unterscheiden, den Materialcharakter deutlicher wieder als gefärbtes Material. Werden Farben eingesetzt, so sollte dies sparsam geschehen (vgl. Farbtafel 12).

Sollen Materialstrukturen voll zur Wirkung kommen, sollten sie in größeren Flächen und auf entsprechend großem Rahmen gewebt werden (vgl. Abb. 26). Material-, Verarbeitungs- und Bild-Idee stehen dabei in engem Zusammenhang miteinander. Wir können gestaltend entwerfen, indem wir von einem bestimmten Material ausgehen, zu dem wir Gegenmaterialien auswählen. Ein Vorrat an geeigneten Materialien kann dabei sehr nützlich sein: Die haptische Erfahrung, das Material prüfend in die Hand zu nehmen und seine Oberflächenbeschaffenheit, Sprödigkeit oder Elastizität zu spüren, erleichtert die Entscheidung. Webproben ergänzen diese Erfahrungen, indem das Verhalten des Materials beim Weben erlebt wird.

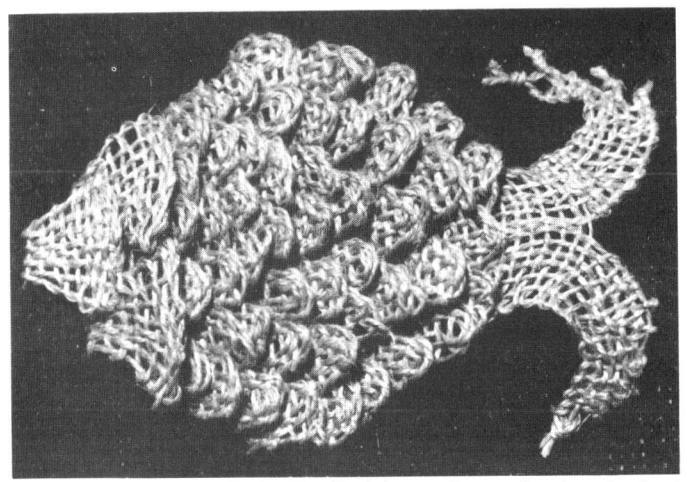

25 Plastisches Weben: »Fisch«. Die Kettfäden wurden im Grundgewebe (Jute) eingestopft

26 Freies Weben in Leinen- und Ripsbindung (Hanf, Sisal)

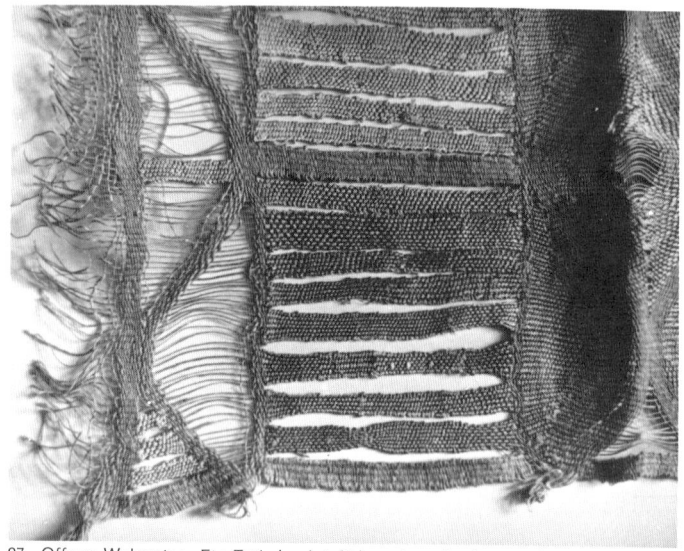

27 Offene Webweise: Ein Teil der Jutefäden eines Rupfengewebes wurde durch Kunstseide ersetzt

Im Spiel mit den Mitteln können wir Gegensatzpaare zusammenstellen: eng und fest gedrehte Fäden neben locker gedrehten, dicke Wolle neben dünner oder neben einer breiten Lage ungesponnener Wolle, geschmeidig-biegsames Material neben sprödem.

Der größte Teil der Schußfäden eines Gewebes aus Sackrupfen wurde durch eingefärbte Kunstseidefäden ersetzt, indem diese in Ripsbindung eingezogen wurden (vgl. Abb. 27). In offener Webtechnik blieben Teile des Jute-Materials als senkrechte Gitterraster stehen. In Kelim-Technik wurden Flächen unverbunden gelassen, wobei die Schlitzöffnungen stark betont wurden. Der materiale Kontrast bei diesem Abbildungsbeispiel besteht im Wechsel von Naturprodukt – Kunstprodukt, Naturfarbe – künstliche Färbung, matt – glänzend, faserig-rauh – glatt.

Der weniger Erfahrene begeht leicht den Fehler, neben teuren Arbeitsgeräten in großer Menge Webwolle zu kaufen. Er engt damit von vornherein seinen Erfahrungshorizont und die Variationsbreite der möglichen Gestaltungen ein. Das Material tritt noch häufig als Gestaltungselement hinter die Technik zurück. Einige Materialanregungen sollen Interesse wecken für experimentelles, freies Weben:

1 Ungebleichtes Naturmaterial unterschiedlicher Stärke und Drehung (Jute, Hanf, Flachs).
2 Stoffbänder, aus alten Kleidern und Stoffresten zugeschnitten (Jersey und Trikotstoffe).
3 Ungesponnene Wolle in den Farben der Schafe: weiß, dunkelbraun, grau-beige. Sie kann auch mit Batikfarbe gefärbt werden. Ihr Aussehen ist ruppig-rustikal, sie läßt sich als Band zurechtzupfen und einstopfen.
4 Mohairwolle mit stark faseriger Oberflächenstruktur.
5 Strumpfabfälle können zu Bändern geschnitten oder ganz eingelegt werden. Farblich kann die Skala der Brauntöne genutzt werden; wenn sie ausgekocht werden, lassen sie sich auch gut einfärben.
6 Fadenbündel lassen sich zur Erhöhung der Plastizität und als Strukturvariante einziehen. Dabei können gleiche oder unterschiedliche Fäden genommen werden.

Die Wahl des Kettmaterials steht in Zusammenhang mit der vorgesehenen Webtechnik und der gestalterischen Absicht. Die gleichmäßige Leinwandbindung verlangt Kettfäden von der gleichen Stärke wie die Schußfäden. Wird bei einer gleichmäßigen Ripsbindung der Kettfaden verdeckt, so kann man auf billige Kordel für die Kette zurückgreifen.

Beim Aufspannen der Kettfäden muß berücksichtigt werden, daß das Gewebe um so dichter wird, je enger die Abstände der Kettfäden sind. Die Stärke des Schußfadens spielt ebenfalls eine Rolle: Je dünner der Schußfaden ist, desto enger muß der Abstand der Kettfäden sein. Für die mittlere Dichte bei mittlerer Fadenstärke ist ein Kettfadenabstand von 5 mm am günstigsten.

Sollen die Kettfäden partienweise in offener Webtechnik in die Gestaltung einbezogen werden, so können auch sie in Material, Farbe, Abstand u. a. gezielt variiert werden. Bei einem Webstück wurden die Kettfäden sehr dicht gespannt und an einigen Stellen mehrere Fäden zu einem Kettfaden zusammengefaßt (vgl. Abb. 28).

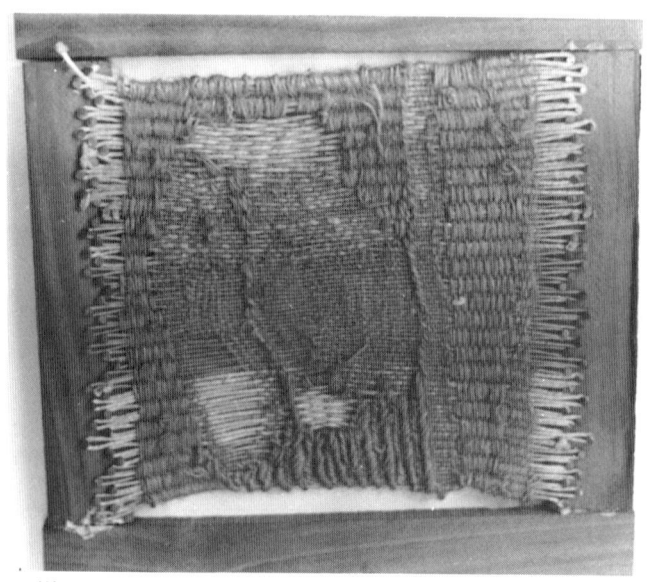

28 Webstück in ungebleichten Naturmaterialien auf Nagelrahmen. Die Kettfäden wurden sehr dicht gespannt

Das Gestalten des Musters

Entwurf

Es gibt verschiedene Möglichkeiten, ornamental oder bildhaft
zu entwerfen. Bei der Materialkomposition beginnt der Entwurf
mit der Zusammenstellung von Materialproben. Beim »gestaltenden Entwerfen« entwickelt sich aus der Form die Gegenform.
Bei der Bildgestaltung kann ähnlich verfahren werden. Die abgebildete halbfertige Arbeit (Abb. 29) wurde ohne Entwurf-
skizze ausgeführt. Es sind Baumformen zu erkennen, die aus den
einzelnen Formen herauszuwachsen scheinen. Das bereits Gestaltete regt die Formkräfte an: Die Impulse zu neuen Form-
ideen für die Weiterführung der Arbeit gehen von dem fertig-
gestellten Teilstück aus. Diese Form des »entwerfenden Webens«
führt zu freieren und lebendigeren Formen als das Arbeiten mit

dem fertigen Entwurf. Natürlich kann auch eine Ideen-Skizze angefertigt werden, die die formale und materiale Vorstellung andeutet und die Bild-Idee konkretisiert. Ein Entwurf läßt sich mit farbigen Papierstücken entwickeln. Farbige Anzeigenseiten aus alten Illustrierten sind ein dankbares Material für Entwurfscollagen. Der fertige Entwurf wird unter die Kette geschoben. Dabei sind Abweichungen während des Webens kaum zu vermeiden, denn der durch die Webtechnik bedingte Formenausdruck läßt sich mit textilfremdem Material nur annähernd vorgeben.

Übungen

Wir wollen einige formale Gestaltungsmöglichkeiten erkunden und bleiben dabei bei Leinwand- und Ripsbindung. Den Aspekt des unterschiedlichen Materialeinsatzes lassen wir außer acht,

29 Unfertiges Webstück auf ovalem Rahmen. Beispiel für den Bildaufbau beim »entwerfenden Weben«

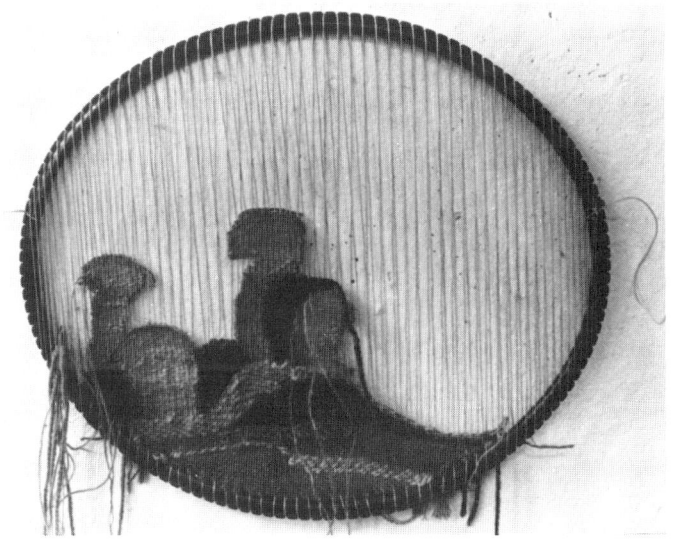

wir verwenden gleiches Material in unterschiedlicher Farbgebung. Für den Schuß verwenden wir Baumwollzwirn, dickes Wollgarn oder Zellwollgarn, für die Kette nehmen wir das gleiche Material wie für den Schuß, Hanfgarn oder einfache Paketkordel. An kleineren Webproben im Format von ca. 20 cm (hoch) mal 10 cm (breit) versuchen wir, Formen in Webtechnik umzusetzen:

Übung 1 Wir weben dichte und lockere Flächen im Wechsel (Leinenbindung; vgl. Abb. 19).

Übung 2 In einem Webstück sollen Querstreifen, Längsstreifen und das Nebeneinander von farbigen Flächen ausprobiert werden (Ripsbindung; Schuß: mehrfarbig; Kette: neutral; vgl. Abb. 20).

Übung 3 Gestaltung einer Mittelbetonung (Ripsbindung; Schuß: mehrfarbig; Kette: neutral).

Übung 4 Wir versuchen, Schlingen-Effekte in unterschiedlicher Form zu erzielen (Leinenbindung; Kette wie Schuß).

Übung 5 Die Schußfäden sollen Flächen bilden mit senkrechten, waagerechten und diagonalen Begrenzungen (Ripsbindung; Schuß: mehrfarbig; Kette: neutral). Hierbei bestimmt der *waagerecht* gewebte Faden die Form (vgl. Abb. 24).

Übung 6 Die Schußfäden sollen Bögen, Wellen, Kreise oder Ovale bilden (Ripsbindung; Schuß: mehrfarbig; Kette: neutral). Hier bestimmt die *Form* die Schuß-Fadenlage (vgl. Abb. 23).

Die Webproben können beliebig variiert werden. So läßt sich Übung 1 dahingehend abwandeln, daß die Schußfäden farblich gewechselt oder unterschiedlich breite Querstreifen gebildet werden. Bestehen die Kettfäden dagegen in unterschiedlichen Farben und bleibt der Schußfaden unverändert, so erhalten wir Längsstreifen. Wechseln beide, so erhält man ein Karo-Muster.

Hinweise zur Gestaltung

Das Erlernen der Webtechnik ist ein nie endender Prozeß, der sowohl in der ersten Lernphase als auch nach Kennenlernen und

Beherrschen einiger Techniken ein ständiges Probieren und Experimentieren einschließt. Wir haben dabei immer direkten Kontakt mit dem textilen Material; die Erfahrungen, die wir dabei machen, hängen nicht vom Grad unseres technischen Wissens ab. Ein mit simplen Mitteln angefertigtes Webstück kann das mit perfekten Mitteln erstellte übertreffen. Selbst einfachste Grundkenntnisse, wie sie hier beschrieben wurden, setzen den Prozeß des Gestaltens, des ständig neuen Suchens und Experimentierens in Gang und führen zu hervorragenden Lösungen.

Es ist zu empfehlen, sich in der Wahl der Mittel zu beschränken. Soll bei einem Webstück die primäre Absicht im Gegenüberstellen von Materialien liegen, so sollten nur naturfarbene Materialien verwendet werden. Die Differenzierung durch die Ton-in-Ton-Werte wird durch die unterschiedliche materiale Struktur verstärkt, die Addition von stark kontrastierenden Farben *und* Strukturen kann dagegen den Reiz mindern. Das Webstück darf nicht zu einem Warenkatalog werden. Wir beschränken uns auf einen primären Kontrast, etwa den von Naturfaser und Kunstfaser (vgl. Abb. 14).

Bei der Wahl von Material, Farbe und Technik muß die formale Gliederung der Fläche mit berücksichtigt werden. Es macht einen Unterschied, ob eine unruhige Form mit Material von glatter oder von stark strukturierter Oberfläche gefüllt wird. (Ähnliche Probleme werden in der bildenden Kunst diskutiert.)

Freie Webstruktur

Die Ausführungen haben gezeigt, daß sich die Auffassung des Webens heute nicht mehr allein innerhalb traditioneller Erkenntnisse und Regeln bewegt. Die Webarbeit diente ihrer Herkunft nach der praktischen Nutzung als Kleidungsstück, Decke oder Fußbodenbelag. Material und Webtechnik hatten verwendungspraktische Eigenschaften zu berücksichtigen wie Haltbarkeit und Waschmöglichkeit.

Durch die fabrikationsmäßige Herstellung gewebter Ware verliert dieser Aspekt an Bedeutung. Die manuelle Webarbeit rückt stärker in die Nähe der zweckfreien bildnerischen Mate-

rial-Collage. Ursprünglich funktionale Formen der Bindungs-
technik werden als gestalterische Mittel eingesetzt.

Die freie Gestaltung erfordert nicht unbedingt eine feste Bin-
deweise, die Kettfäden können in unterschiedlichen Abständen,
Materialien und Stärken aufgespannt werden. Faserbündel werden in Form von Bändern mit der Hand eingelegt.

Wir können uns von dem gleichmäßigen Stopfvorgang der
Leinwandbindung lösen und zwischen dicht und offen wechseln.
Fäden können locker zwischen die Kettfäden gespannt werden
oder diese umwickeln. Nicht-textiles Effekt-Material wie Perlen
und Muscheln sollten wir dagegen nur begrenzt einsetzen und
nur dort, wo es sich aus der Gesamtform begründen läßt.

Abschlußarbeiten

Fransen

Wollen wir das Webstück nicht auf seinem Rahmen belassen,
so schneiden wir die Kettfadenschlingen durch und verknoten
je zwei Kettfäden miteinander, wobei der Knoten auf den Schußfäden aufliegt. Das muß beim Spannen der Kettfäden berücksichtigt und ausreichend Fadenlänge zum Schlingen eines einfachen Knotens stehengelassen werden (etwa 8 cm).

Sind die Kettfadenschlingen absichtlich oder unabsichtlich zu
nahe am Webstück, um sie nach dem Aufschneiden noch verknoten zu können, so lassen sich auch Fransen einschlingen. Das
entspricht dem Einhängen des Doppelfadens bei Knüpfarbeiten
(vgl. das Kapitel *Knüpfen*). Ob die Fransen kurz oder lang, ob
sie in der Farbe des Webstückes oder in einer Kontrastfarbe sein
sollen, ist eine Gestaltungsfrage, die am besten durch praktisches
Ausprobieren zu lösen ist. Die Fransen können weiter verarbeitet werden, indem wir sie flechten oder untereinander nochmals
verknoten.

Aufhängung

Eine größere Webarbeit, die als Wandschmuck dienen soll, kann an einen Rundstab gehängt werden. Das verhindert das Ausbeulen. Die oberen Kettfäden können dabei am Stab angebunden werden (nicht alle, jeder zehnte genügt). Anspruchsvoller wirken gewebte Aufhängebänder.

Das Sticken

Historisch gesehen ist das Sticken eine jüngere textile Technik als das Weben. Es entwickelte sich aus der Kleiderherstellung. Die zunächst rein funktionale Naht wurde zusätzlich zum Schmuckelement und durch funktionslose Zierstiche bereichert.

Heute reicht die Skala des Stickens von primär zweckgerichteter Bestimmung bis hin zur zweckfreien Gestaltung von freien Gesticken[24].

Vergleichbar den differenzierten Bindungsformen der Weberei, entwickelte die Stickerei im Laufe der Zeit die verschiedensten Stichformen für funktionale wie auch für formale Aufgaben. Manche alte Stickarbeiten sind mit einer einzigen Stichvariante gestickt, nach der sie benannt werden.

Die moderne Auffassung vom Sticken läßt eine Einteilung ausschließlich nach der Technik oder nach dem eingesetzten Material nicht mehr zu. Die Gestaltung braucht sich weder an eine einzelne Technik noch an ein bestimmtes Material zu halten. Der Umgang mit Nadel und Faden ist »freier« geworden: Konventionelle Stichtypen werden der Gestaltung untergeordnet; jede neue Stichform ist »erlaubt«, die gestaltend erfunden wird. Ein Bildgesticke kann ausschließlich aus Spannstichen (vgl. Abb. 31/8) bestehen. Mit diesem einfachen Stichtyp lassen sich rhythmisch bewegte Formen gestalten und mit wechselnden Materialien und Farben die Formen zu einem Bildganzen zusammenfügen. Wir bezeichnen diese mit beliebigen Stichen auf Stickböden hergestellten Gesticke als *freies Sticken*.

Bei der *Applikation* (lat. applicere = aufnähen, befestigen) werden Formen aus textilem Material (Fäden, Flächengebilde) und nicht-textilem Material (Perlen u. a.) auf ein Grundgewebe genäht (appliziert), wobei die Stiche gleichzeitig befestigen und gestalten.

Die Veränderung eines Gewebegrundes, indem das Geweberaster verschoben, verdichtet oder aufgelockert wird, bezeichnen wir mit *Umstrukturierung* des Gewebes.

Durch verschiedene technische Hilfsmittel werden *plastische* Gestaltungsformen erzielt. Alle genannten Arten von Gesticken können »rein« und kombiniert vorkommen.

Vorbereitungen zum Sticken

Werkzeug und Vorgehen

Während beim Weben Flächen aus Fäden gebildet werden, verlangt das Sticken ein fertiges Gewebe als Stickboden. Es hat eine ähnliche Funktion wie die Leinwand für die Ölmalerei: Es ist Träger der Gestaltung. Der Pinsel bringt die Ölfarbe auf die Fläche, die Nadel führt den Faden durch den Gewebegrund und setzt ähnlich dem Pinsel Striche in dichter oder lockerer Folge.

Wir benötigen einen Rahmen aus Holz. Das kann der käuflich zu erwerbende runde Stickrahmen sein (Handarbeits-, Bastelladen), bestehend aus zwei Reifen mit Klemmschraube. Einen rechteckigen Rahmen für größere Formate müssen wir uns selbst in der passenden Größe zusammennageln. Während beim fertigen Stickrahmen das Gewebe nur eingeklemmt zu werden braucht, muß der Stoffgrund auf dem eckigen Rahmen mit Heftzwecken oder Blauköpfen gespannt und befestigt werden.

Als Nadeln eignen sich kurze, spitze Typen (Nr. 16–24), wobei die Nadel etwas dicker als der Faden sein sollte. Bei grobem Stickboden (z. B. Leinen) und dickeren Fäden nehmen wir Sticknadeln mit stumpfer Spitze.

Bei manchen Geweben empfiehlt es sich, sie vor dem Aufspannen zu waschen, damit die Appretur herausgeht. Zudem tritt die Gewebestruktur dann stärker hervor. Das Gewebe sollte in seinen Maßen eher zu groß als zu klein sein, dann läßt es sich besser spannen.

»Aus dem Rahmen« fallen im wahrsten Sinne des Wortes Gestickte, die direkt auf fertige Gegenstände (Kleidung) angebracht werden, aber auch größere Wandbehänge in Applikations- und Durchbruchtechniken sowie plastische Gestaltungen.

Stickmaterial

Bei der Auswahl des Materials prüfen wir durch Auflegen, ob Stickboden und Stickgarn zueinander passen, d. h. organisch ineinander übergehen. Die Stickerei darf nicht wie ein Fremdkörper auf dem Stickboden stehen: Die Eigenschaften des Fadens (Drehung, Festigkeit) sollten mit den Eigenschaften des Stickbodens harmonieren (Dichte, Oberflächenstruktur). Mit dem probeweisen Zusammenstellen und Nebeneinanderlegen beginnt bereits der Gestaltungsprozeß. Nachfolgend einige Empfehlungen, die aber nicht daran hindern sollen, eigene Materialkombinationen zu finden.

Beim *freien Sticken* können als Fäden genommen werden: Perlgarn (glänzend, matt), Sticktwist (sechsfädig und daher teilbar), Wollgarn (Kelim), ausgezogene Fäden des Stickbodens. Als Gewebegrund erweist sich festes Leinen als vorteilhaft; es ist in unterschiedlichsten Farben und Strukturen zu haben, auch in Weiß und in naturfarbenen Tönen. Die farbliche Abstimmung der Fäden untereinander und mit dem Gewebegrund dürfte nicht schwierig sein, da die Farbauswahl sehr groß ist. Bei naturfarbenem und weißem Stoffgrund, die mit Fäden aus dem eigenen Gewebe oder mit farblich und strukturell ähnlichen Fäden bestickt werden, erhält man schöne Grauton-Stufungen. Wer eine rustikale Wirkung bevorzugt, kann auf Rupfengewebe sticken; billiger als Leinen, kann es zum Üben an den Anfang einer »Stickkarriere« gesetzt werden. Es verlangt entsprechend groberes Stickmaterial. Am praktischsten: ausgerupfte Jutefäden dieses Gewebes (auch in anderen Farbzusammenstellungen bzw. selbstgefärbt). Auch Wollfäden verbinden sich gut mit dem Rupfengrund, da Jute- und Wollfäden eine ähnlich faserige Oberflächenstruktur aufweisen. Wer sich experimentell weiter vorwagen will, kann Versuche mit ausgefallenem Untergrund wie Samt oder Leder und Fäden aus Seide, synthetischen Fäden, Metallfäden oder Rohfasern anstellen.

Bei der *Applikation* wird neben dem Faden als Aufnähmaterial und dem Gewebegrund noch Auflegematerial verwendet. Es muß in Farbe, Form und Struktur gezielt einbezogen werden:

Fäden Da sie nicht mit der Nadel durch den Gewebegrund gezogen, sondern aufgenäht werden, können wir sie nach rein gestalterischen Vorstellungen auswählen, z. B. Kordelsorten mit ausgeprägter Oberflächenstruktur (Sisal, Hanf), Wollsorten (Mohair-, Krümmer-, Mooswolle), Webbänder, Webabfälle, unversponnene Wolle (hell, dunkel), Synthetikstrümpfe.

Flächen Auch sie unterliegen lediglich gestalterischen Beschränkungen; alle Textilien stehen zur Wahl. Die Stoffreste-Kiste ist unser Ideenlieferant: einfarbige und gemusterte Stoffe (gewebte oder gedruckte Muster), Gardinen- und Tüllreste, Filz- und Vlies-Stücke (besonders für Kinderarbeiten geeignet, da sie nicht fransen), alte Borten, Spitzen und Tischdeckenränder und vieles mehr. Für den Anfang empfiehlt es sich, Ton in Ton zu arbeiten, z. B. mit verschiedenen Farbtonstufen von Leinenstoffen.

Effektmaterial Nicht-textiles Material sollte nur sparsam und in formaler Harmonie mit dem Ganzen eingesetzt werden. Neben konventionellem Material wie Perlen und Knöpfen können wir uns im Arbeitsprozeß ungewöhnliche Effekte einfallen lassen. Bei einer Kordelapplikation (Abb. 30) wurden Papprollen zu Ringen zersägt und das Gestaltungselement Kreis durch diese Materialvariante ergänzt. Kleine Glasperlen unterstreichen den Bonbon-Charakter des »Lutscher«-Objekts (Farbabb. 5).

Beim *Umstrukturieren* des Grundgewebes unterscheiden wir nach verschiedenen Möglichkeiten: Verdichten können wir durch Zusammenschieben von Fäden des Gewebegrundes, durch Einziehen von Fäden aus gleichen oder fremden Materialien (Stopf-

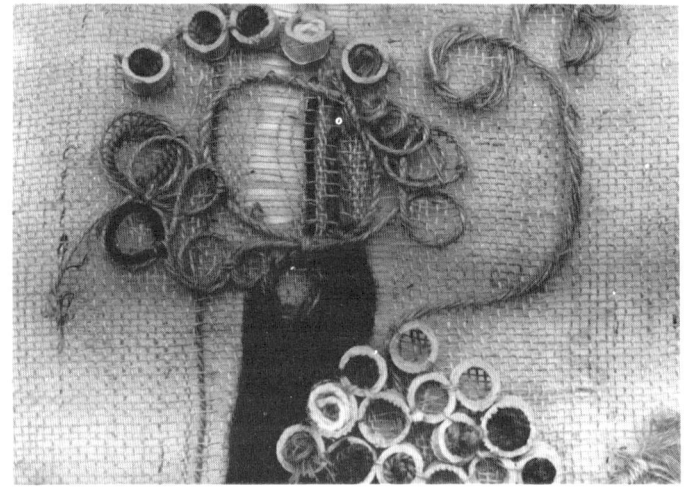

30 Fadenapplikation (Ausschnitt): Jutegewebe, Hanfkordel, Wollgarn, ungesponnene Wolle, Pappringe, 100 x 100 cm

weben, Websticken) oder durch Auflegen von weiteren Formteilen des gleichen oder eines fremden Materials mit anderer Rasterdichte.

Das Auflockern (transparent, lasierend, gitterartiges grobes Raster) kann durch Auseinanderschieben des Gewebegrundes, durch Ausziehen von Fäden (Kette oder Schuß) oder durch Ausschneiden von Formen bewerkstelligt werden.

Für Gewebeverschiebungen und -umstrukturierungen eignen sich besonders gut Gewebe in lockerer Bindung: Rupfen- und Jutegewebe, Sackleinen, Bauernleinen, Siebleinen, Dralongewebe.

Als Stickmaterialien eignen sich alle bereits aufgeführten Fäden. Soll die Gestaltung nur im Einziehen von Fäden bestehen (z. B. Tüllstickerei), kann der Gewebegrund auch aus nicht verschiebbarem Raster bestehen (Gewirke wie Tüll, Gardine). Texturen und Rastergrößen gibt es in zahllosen Variationen, so daß auch entsprechend viele Gestaltungslösungen möglich sind.

Beim Übereinanderlegen von Formteilen können durch die Transparenz der letztgenannten Gewirke neue Strukturen gebildet werden. Durch Überlappung bei gleichzeitiger Drehung der aufgelegten Form mit ähnlich netzförmigem Raster entsteht eine Schattierung in einer neuen Rasterform. Mit dichtem Besticken werden zusätzliche Schattier- und Farbeffekte erzielt.

Für das *plastische* Gestalten (auch: Quilting) benötigen wir einen festen Stoffuntergrund (er wird am besten auf einen Rahmen gespannt), Schaumgummi oder Watte sowie einen Stoffgrund als Träger der Gestaltung. Da beim Steppen der Linien (mit der Hand oder mit der Nähmaschine) das obere Gewebe verzogen wird, muß dieses dehnbar und weich sein (Seidenbatist, Molton).

Stickstiche

Obgleich wir einige konventionelle Stickstiche lernen wollen, muß betont werden, daß die Wahl eines Stickstichs nur von dem geplanten Ausdruck abhängt und nicht umgekehrt. Gesticke von Kindern weisen nur selten traditionelle Stickstiche auf, sie wirken gerade deshalb ungekünstelter und ursprünglicher als viele Arbeiten von Jugendlichen und Erwachsenen. Kinder erfinden selbst, da sie die vielen raffinierten Stichformen nicht beherrschen und daher »ihr« Formproblem mit ihren Möglichkeiten lösen müssen. Ihnen drängen sich keine Klischees auf, sie können direkt aus dem Unbewußten heraus sticken.

Der Erwachsene, der die zahlreichen Varianten der Stickstiche eingeübt hat, wird leicht verleitet, all diese erworbenen Fertigkeiten bei einer Stickarbeit anzuwenden. Das Ergebnis ist dann ein »Anschauungswerk« an Stichvarianten. Sticken heißt aber nicht, Stiche sticken, sondern Stiche formen. Sie sollen sich in die Gestaltung einfügen und aus der Gestaltung begründen lassen.

Beim *freien Sticken* dienen die Stiche ausschließlich der Gestaltung; da sie an keinen praktischen Zweck gebunden sind, können wir frei erfindend sticken. Für die Bildung von Gestaltungselementen wie Flächen, Linien und Punkten können wir mit etwas Erfindungsgeist und Geschick auf gleiche oder ähnliche Lösungen stoßen, wie sie unsere Vorfahren gefunden haben.

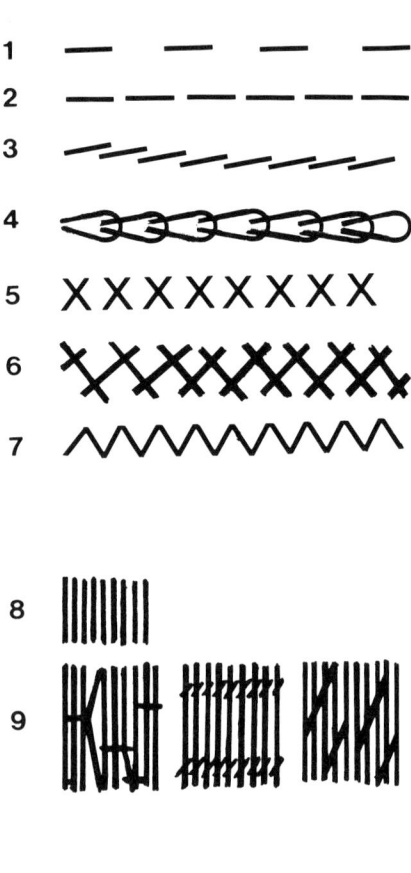

31 Lineare Grundstiche und Variationen (1–7) – Flächenbildende Stiche (8, 9) –
Punkte (10): 1 einfacher Vorstich – 2 Steppstich – 3 Stielstich – 4 Kettenstich –
5 Kreuzstich – 6 Hexenstich – 7 V-Stich – 8 Spannstich – 9 Klosterstich mit
Überfangstichen (3 Varianten) – 10 Knötchenstich

Fläche Eine Form soll flächenfüllend zugestickt werden. Wir haben zu Beginn des Kapitels eine Möglichkeit mit dem Spannstich (Abb. 31/8) kennengelernt, bei dem Fäden dicht nebeneinander gespannt werden. Durch unterschiedliche Abstände und leichte Verschiebungen erhalten wir eine in sich bewegte Fläche.

Wird eine größere Fläche mit dem Spannstich überspannt, so können die Fäden mindestens alle 3 cm gebündelt und am Stickboden befestigt werden. Das kann in verschiedenen Formen von »Überfangstichen« geschehen. Diese flächenfüllende Stickform wird mit Klosterstich (Abb. 31/9) bezeichnet. Beim Zusticken in dieser Form wird der Stickboden völlig bedeckt. Wenn wir dagegen eine lockere Stichfolgereihe von Kreuzstichen untereinander oder überlappend anbringen, so entsteht eine lasierende, durch den jeweiligen Stickstich strukturierte Fläche, bei der der Stickboden »durchscheint« und mit einbezogen wird (vgl. Abb. 32). Als Flächen wirken ebenfalls die freibleibenden, nicht ausgestalteten Formen des Untergrundes mit.

Linie Der einfachste Stich von allen ist der Vorstich (Abb. 31/1), bei dem die Linie allerdings unterbrochen ist. Dagegen wird beim Stielstich (Abb. 31/3) die Linie nicht unterbrochen, es kann schnurartig in allerlei Kurven gestickt werden. Bei breiteren Linien wird häufig der Kettenstich (Abb. 31/4) verwendet, aber auch andere Stichtypen, indem sie linear angeordnet werden. Die offenbleibenden Stellen zwischen zwei gestickten Partien treten ebenfalls als Linien in Erscheinung, mehr oder weniger stark, je nach dem Kontrast von Farbe und Material.

Punkt Hierfür ist am gebräuchlichsten das »Knötchen« (Abb. 31/10). Größere Punkte lassen sich durch Gewebeverschiebungen des Stickbodens und Umwickeln der Ränder erzielen.

Beim *Applizieren* befestigt der Stickfaden das Auflegematerial und ist zugleich Gestaltungselement. Seine praktische Funktion besteht einmal im Abbinden des Gewebes (wenn Ränder der aufzunähenden Teile gegen Ausfransen fixiert werden sollen), zum andern im Aufnähen der Formteile auf den Gewebegrund. Beides kann auch in einem Arbeitsgang geschehen.

Beim Fixieren der Fransen wird häufig der Hexenstich verwendet (Abb. 31/6), bei festeren Geweben oder bei entsprechender Gestaltungsabsicht werden Teile auch mit einfachen Spannstichen oder dem sogenannten »Knopflochstich« befestigt. Werden optische Übergänge zum Gewebegrund hergestellt, wird die Form aufgelöst, indem die Stichfolge zum Gewebegrund hin allmählich stärker aufgelockert wird (Abb. 33/1+2). Dabei

werden die Übergangsstiche den Befestigungsstichen angepaßt:
Beim Hexenstich könnten z. B. V-Stiche die Überleitung herstellen (Abb. 33/7). Längere Fransen können weiter differenziert
werden, u. a. durch Bildung von Zöpfen. Das Ausfransen wird
auch vermieden, wenn die aufzulegenden Teile von Hand oder
mit der Maschine mit einfachen Steppstichen (Abb. 31/2) um-
säumt werden. Die Ränder können aber auch nach dem Einschlagen mit Hinterstichen angenäht werden. Nicht fransendes
Material (Filz, Vliese, Leder) braucht nach dem Ausschneiden
nur aufgenäht oder aufgeklebt zu werden.

Die Applikation hat immer dreierlei zu berücksichtigen: den
Gewebegrund, das Auflege- und das Aufnähmaterial. Da jedes
dieser drei Materialien in unterschiedlichen Formen, Farben,
Strukturen und Eigenschaften ausgewählt werden kann, empfiehlt es sich, bei der Anzahl der Stichformen Zurückhaltung zu
üben.

32 Stickerei: Wollgarn auf Jutegewebe, 30 x 40 cm. Durch lasierendes Sticken
    entstehen sehr differenzierte Strukturen

Das freie Sticken

Gestaltungsvorlagen

Wir haben Gestaltungsprinzipien, Werkzeug, Material, einige
Stickstiche kennengelernt und sollten jetzt in der Lage sein, mit
der Gestaltung eines freien Gestickes zu beginnen. Es fehlt uns
nur noch ein Motiv. Was uns zunächst einfällt, sind sicher wieder die alten Klischees: die Blume, der Baum, die Eule usw.
in immer gleichen Formen, wie sie uns bei diesen Begriffen vor-
schweben. Dabei eignen sich gerade florale Motive zum Sticken
besonders gut, wenn wir uns von klischeehaften Formen lösen
können und die Naturformen ornamental auflösen. Anstöße
gibt uns die Natur in Fülle: die Verästelung eines Apfelbaumes,
die Knospen der Blüten im Frühjahr, die Dolden im Sommer,
das halbvermoderte Blatt im Winter, der aufgeschnittene Rotkohlkopf, die Holzmaserung eines Brettes usw. (vgl. Abb. 1).
Wir müssen versuchen, die natürlichen Strukturen und Bewe-
gungsrhythmen mit Stickstichen umzusetzen. Dabei verhält es
sich beim Sticken wie mit dem Zeichnen: Der Ungeübte tut sich
schwer. Es verlangt eine gewisse Übung, den realen Gegenstand
ins Flächig-Dekorative zu übersetzen. Aber wir sollten die Na-
turvorlage nicht zu genau nehmen, sondern nur das übertragen,
was uns reizvoll erscheint (vgl. Abb. 15, 16). Das ständige und
intensive Hinschauen bei der Betrachtung von Naturformen
schult unseren Formensinn und gibt uns Anstöße für die Erfindung von Strukturen.

Übungen

Der Anfänger sollte sich bei seinem ersten freien Stickversuch
nicht zuviel vornehmen, denn selbst ein simples Motiv steckt
voller Möglichkeiten. Das Bleistiftzeichnen als grafisches Ausdrucksmittel hat mit dem Sticken die »Schraffuren« gemeinsam.
Es bieten sich daher einige Vorübungen an, die wir zunächst mit
einem weichen Bleistift machen und später in Stickstiche übertragen.

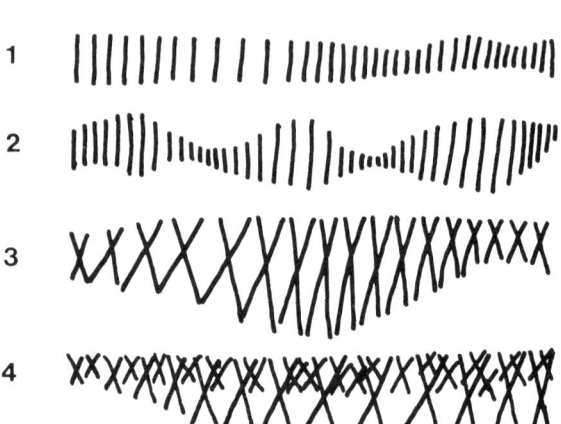

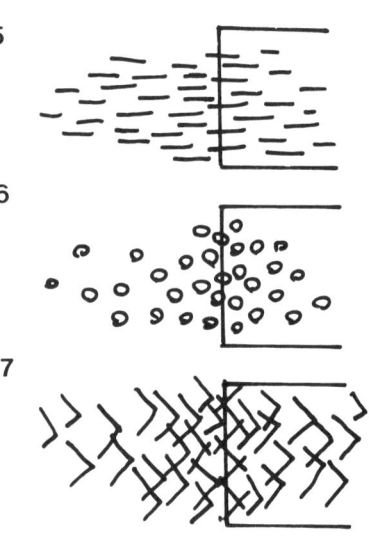

33 Übungen mit dem Bleistift: 1–4 Rhythmische Bewegungen – 5–7 Übergänge zum Gewebegrund

Übung 1 Wir bilden eine Strichfolge durch Nebeneinandersetzen von gleich kurzen Strichen. Der Abstand zwischen den Strichen wechselt: Er wird allmählich immer weiter, dann wieder – rascher als vorher – enger. Das Ganze läßt sich in Variationen wiederholen, so daß die Strichfolge in sich rhythmisch bewegt ist (Abb. 33/1).

Übung 2 Eine ähnliche Strichfolge wird gezeichnet, wobei die Strichlängen wechseln, so daß eine rhythmisch bewegte Linie entsteht. Zusätzlich werden die Abstände variiert wie bei Übung 1 (Abb. 33/2).

Übung 3 Mit überkreuzten Strichen lassen sich ähnliche Reihungen bilden. Dabei liegen Variationsmöglichkeiten im Verschieben des Kreuzungspunktes nach oben oder nach unten, in unterschiedlichen Überkreuzungswinkeln und in der Höhe der Überkreuzungen (Abb. 33/3).

Übung 4 Ein Verdichten der Fläche läßt sich herstellen, wenn über die ersten Kreuze versetzt weitere Kreuze gezeichnet werden und sich ein Schattier-Effekt einstellt (Abb. 33/4).

Fügen wir diesen Beispielen ruhig noch einige Variationen hinzu. Wir sollten uns dabei bemühen, diese Übungen locker »aus der Hand heraus« zu zeichnen. Der zusätzliche grafische Reiz besteht darin, daß jeder Strich geringfügig anders ausfällt: Es wechselt die Druckstärke, die Richtung, die Länge. Das verleiht der Skizze eine eigene, nicht wiederholbare Struktur.

Übertragen wir diese »Erfahrungen« auf das Sticken, so können wir – zwar nicht so flüssig – ähnliche Schraffuren mit Nadel und Faden ausführen, und zwar in Form von Spannstichen, Kreuzstichen oder auch Hexenstichen. Würden die Stiche peinlich exakt und in gleichen Abständen gesetzt werden, wie es das Nähen von Kleidern verlangt, wäre das Ergebnis ein künstliches Gebilde, mit der technischen Zeichnung vergleichbar. Das freie Sticken setzt sich entschieden ab gegen flächenbildende Techniken wie Stricken und Häkeln, bei denen die gewebebildenden Maschen meist gleichförmig sind. Die frühe Gewöhnung an die beiden letztgenannten Techniken erklärt zum Teil die Schwierigkeiten, ohne Mustervorlage frei gestaltend zu sticken.

Das freie Sticken erfordert keine genaue Entwurfsvorlage; es genügt eine knappe Umrißzeichnung, die direkt auf den Stoff übertragen wird. Die beiden abgebildeten Hahn-Motive unterscheiden sich in der gestalterischen Umsetzung. Der Hahn in

34 Gesticke: Sticktwist auf Leinengewebe, 20 x 20 cm. Naturalistische, differenzierte Umsetzung in flächenfüllender Sticktechnik

Abbildung 34 ist naturalistisch differenziert und flächenfüllend
angelegt. Dagegen ist der Hahn in Abbildung 35 stark ornamental aufgelöst und in lasierend gestickt. Die unruhigen Rhythmen
der Stiche passen sich der groben Struktur des Jutegrundes an.

35 Gesticke: Verschiedene Stickgarne auf Jutegewebe, 20 x 20 cm. Ornamentale
Auflösung des Hahn-Motivs in lasierender Sticktechnik

Die Applikation

Fadenapplikation

Beim freien Sticken benötigen wir einen groben Entwurf, den wir auf das zu bestickende Gewebe übertragen. Bei der Applikation ist uns freigestellt, ob wir mit dem Material selbst entwerfen wollen, indem wir die Formen zunächst auflegen. Wir können so die Gestaltung beurteilen und durch Verschieben oder Auswechseln gegen andere Materialien und Formen wieder verändern, ehe wir sie mit dem Aufnähmaterial am Gewebegrund fixieren.

Bei der Fadenapplikation besteht das Auflegematerial in unterschiedlichen Fadenformen. Wir haben einige charakteristische Eigenschaften bestimmter Fadentypen kennengelernt (vgl. Tabelle S. 41). Von diesen Eigenschaften gehen gestalterische Impulse aus. Wir probieren, was das Material »kann« (vgl. Abb. 10, 11, 13):

1 Wir schneiden den Faden auf und erhalten ein Faserbündel oder (bei dicker Kordel) eine Quaste.
2 Gedrehte Fäden drehen wir auf.
3 Wir spielen mit der Eigenspannung des Materials und erhalten Schwünge oder Gekräusel.
4 Wir sortieren nach optischen Varianten wie Oberflächenwirkung, Materialcharakter, Drehung, Stärke und Farbe.

Dieses Spielen mit dem Material geht in Gestalten über. Wir wollen Formen, die wir in die spielerisch veränderten und gelegten Materialien hineinsehen, zu realisieren suchen. Ein Ausschnitt aus einer Fadenapplikation auf Jute zeigt die Gestaltungselemente Linien, Kreise, Schnecken (locker und eng gelegt), Windungen und Bögen, Flächenbildungen durch Überkreuzen sowie mit Spannstichen und Klosterstichen befestigte Fadengruppen. Das Aufnähmaterial besteht in ausgezupften Jutefäden des Gewebegrundes und in Fäden, die auch als Auflagematerial verwendet wurden. Die Eigenstruktur der Auflegefäden wurde zusätzlich variiert und bereichert durch befestigende Stickstiche, durch Knoten im Faden, durch Umwickeln mit anderen Fäden und durch lockeres Gegendrehen des Fadens (Abb. 36).

36 Fadenapplikation (Ausschnitt): Verschiedene Kordelarten (Sisal-, Flachs-, Papier- und Nylonkordel) auf Jutegewebe, 40 x 80 cm. Die Eigenstruktur der aufgenähten Fäden wurde durch Befestigungsstiche, Knoten, Umwickeln und Gegendrehen bereichert

Übung Die Kordelapplikation eignet sich gut zu Übungen, die die rhythmischen Bewegungen von Naturformen nachvollziehen (z. B. Wasserströmung). Zunächst machen wir Versuche mit farbigen Filzstiften (vgl. Abb. 2). Wir beginnen mit dem Zeichnen von »Inseln« (sie werden schneckenförmig angelegt) und lassen die Linien stromlinienförmig die Inseln umgehen. Wenn das ein wenig geübt ist, beginnen wir mit dem Fadenlegen. Geeignet sind alle Wollfäden mit geringer Eigenelastizität. Wir stimmen die Farben am besten vorher aufeinander ab, z. B. Abstufungen in Blau-, Grün- und Violett-Tönen oder Orange-, Rot- und Gelb-Tönen. Wir wählen dabei Fäden von unterschiedlicher Drehung und Stärke. Wir können den Arbeitsaufwand verkürzen, indem die Fäden mit Alleskleber auf einen Kartonuntergrund geklebt werden. Die freibleibenden Zwickel werden ausgefüllt, indem Fäden engbogig eingelegt werden (vgl. Abb. 3).

Flächenapplikation

Die Gestaltung wird außer von formalen und farblichen Kriterien maßgeblich vom Material bestimmt. Spiel mit den Mitteln bedeutet Spielen mit Formen, die sich in Struktur, Farbe

37 Bestickte Flächenapplikation in Organza und Seide, Perlen, 40 x 55 cm. Das zarte, lasierende Gesticke entspricht der Transparenz und Weichheit der Gewebeteile

und Materialwirkung unterscheiden. Ein großer Vorteil der Applikation ist, daß die Gewebeteile vorläufig nebeneinandergelegt werden können, um zunächst Kontrastwirkungen zu erproben und das Bildganze aufzubauen. Das »Spiel« besteht im

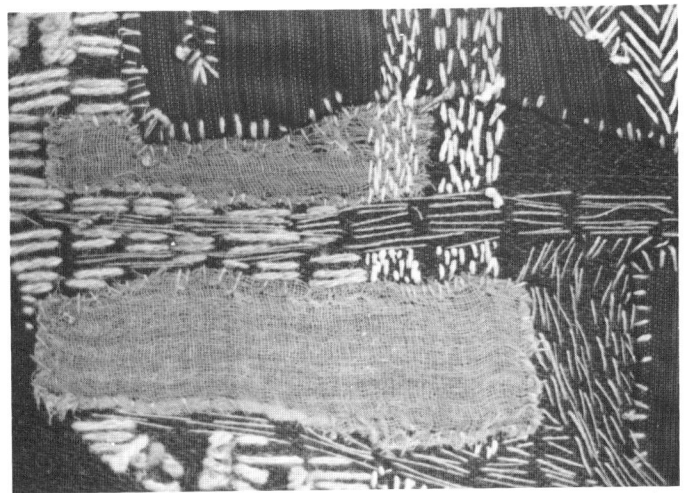

38 Bestickte Flächenapplikation (Ausschnitt): Jute-, Woll- und Dralongewebe, mit Wollgarnen appliziert, 80 x 100 cm. Das grobe Gesticke entspricht dem rustikalen Gewebe

Austausch und im Verschieben von Teilen, im Zusammenstellen von Gruppierungen. Im Gestaltungsprozeß des Veränderns und Neu-Anordnens »wächst« das Bild.

Der Anfänger sollte zu starke Farbkontraste vermeiden und sich auf Tonstufungen und Tonwerte einer Farbfamilie beschränken. Er sollte statt dessen versuchen, die Kontraste der Materialwirkungen auszuspielen. Form und Eigenstruktur müssen in einem ausgeglichenen Verhältnis zueinander stehen.

Auch die Stickstiche, mit denen die Formen am Untergrund befestigt werden, sollten diese Eigenstruktur des Materials mit einbeziehen. Bei Stoffen mit feinem Raster werden wir ein entsprechend zartes Gesticke bevorzugen. Batist, Organza, Seide, Tüll mit feinem Raster und Samt bleiben mit gestickten, lockeren und zarten Konturen und Schraffuren transparent, weich und fließend (vgl. Abb. 37).

Dem groben Raster entsprechen rustikal wirkende Stichformen, wie sie beim Besticken mit Wollfäden auf Jute angewandt werden (vgl. Abb. 38).

Wichtig ist, daß der Grundcharakter des Gestickes immer durchgehalten wird. Die Stickstiche bereichern die Fläche, vermitteln zwischen aufgelegter Form und Stickboden und betonen vorhandene Fadenverläufe.

Unbestickte Flächenapplikation
Die einzelnen Stoffteile können ähnlich der Papier- oder Material-Collage mit Alleskleber aufgeklebt werden. (In der Malerei wurde diese Technik von den Kubisten angewandt.) Das Verfahren ist für Kinder zu empfehlen, die noch nicht genügend Übung im Umgang mit Nadel und Faden besitzen. Nicht ausfransendes Material (Filz, Vliese) eignet sich für rein formale Gestaltungsübungen besonders gut. Der Untergrund muß fest sein. Kinder nehmen am besten festes Papier, Karton oder Pappe. Für größere Arbeiten, die als Wandbehang dienen sollen, kann Rupfen genommen werden. Er besitzt genügend Eigenstabilität, um nicht auszubeulen (vgl. Abb. 39).

39 Unbestickte Flächenapplikation (Kinderarbeit): Verschiedene Gewebereste auf Pappe, 25 x 35 cm. Die Formteile wurden ungesäumt mit Alleskleber aufgeklebt

Eine etwas anspruchsvollere Arbeit besteht darin, alle Formteile so einzupassen und aufzukleben, daß der Untergrund völlig bedeckt ist (ähnlich der Holzintarsie). Allerdings ist dazu eine genaue Zeichnung des Motivs notwendig, die auf den Untergrund (Pappe) übertragen wird. Die Flächenteile der Zeichnung (Papier) werden auseinandergeschnitten, auf das Gewebe geheftet und dann ausgeschnitten. Diese zurechtgeschnittenen Teile werden nun fugengenau auf den Karton geklebt. Das Ausfransen wird verhindert, indem der Alleskleber vor allem in den Randzonen aufgetragen wird.

Bestickte Flächenapplikation
Beim Aufnähen kleinerer Formen spielt der Fadenverlauf des Teils keine Rolle. Bei größeren Formen legt man das Teil so auf, daß Fadenraster-Richtung von aufgelegter Form und Stickboden übereinstimmen. Dadurch wird vermieden, daß das Teil sich beult. Bei dünneren Stoffen sollte man das Fadenraster des aufzulegenden Teils so drehen, daß es diagonal zum Stickboden steht. Stoffe können auch mit einem doppelseitigen Aufplätt-Vlies aufgebügelt werden.

Es empfiehlt sich, mit Arbeiten kleineren Formats zu beginnen. Die Beschränkung im Format zwingt zur Beschränkung der Mittel. Wir wollen in den folgenden Übungen einige Gestaltungsvarianten kennenlernen und Erfahrungen im Umgang mit einigen Applikationstechniken machen. Das Format der Proben sollte nicht größer als 20 x 30 cm sein.

Übungen

Übung 1 Wir schneiden aus einem ungemusterten Gewebe eine Form (Kreis, Rechteck, Dreieck, Blütenform u. a.). Diese Form legen wir auf einen passenden Gewebegrund und befestigen sie mit Stickstichen, die gleichzeitig die Fläche gestalten. Im Anschluß soll die so gestaltete Form durch Stickstiche gestalterisch erweitert werden (vgl. Abb. 40).

Übung 2 Wir wählen aus Stoffresten einen Druckstoff mit einem formal einfachen Motiv oder Teil eines Dekors. Diese Form schneiden wir aus und applizieren sie auf einen passenden Gewebegrund. Durch Stickerei soll das Motiv erweitert werden, wobei die Form Teil des

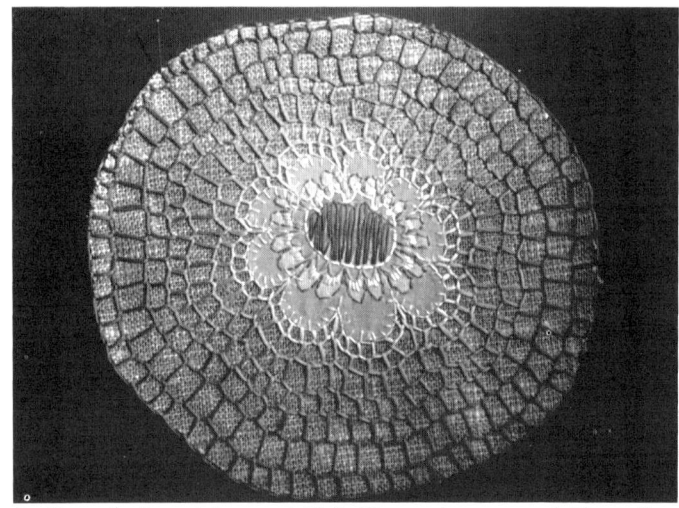

40 *Übung 1:* Ausgestaltung und Weiterführung einer ausgeschnittenen Form durch Sticken

41 *Übung 2:* Weiterführung eines ausgeschnittenen Motivs durch Sticken

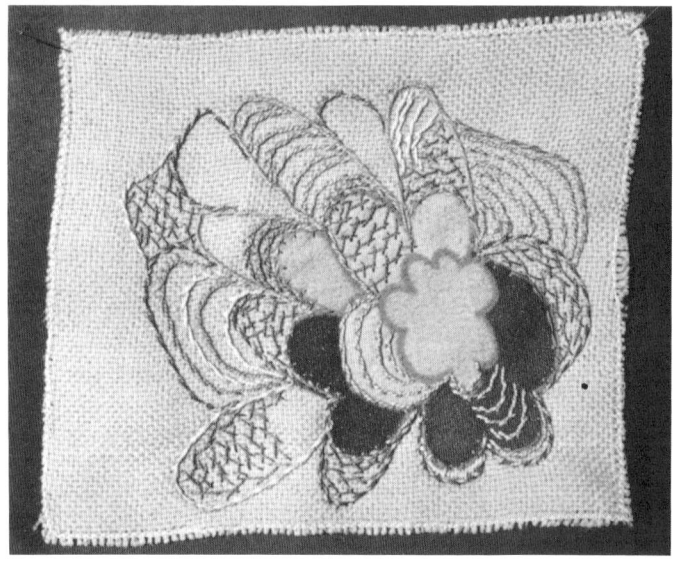

Ganzen bleiben muß (vgl. Abb. 41). Anstelle einer vorgegebenen Form können wir auch ein rechteckiges Stück Gewebe in grober Leinwandbindung applizieren, dessen Seiten ausgefranst wurden. Die Fransen sollen in die Gestaltung mit einbezogen werden, indem sie in Formen auf den Untergrund gelegt, mit Überfangstichen befestigt und durch weitere Stichvarianten ergänzt werden (vgl. Farbtafel 1).

Übung 3 Wir benötigen zwei Gewebeflächen, die aufeinandergelegt werden. Die untere soll einfarbig und wenig strukturiert sein, die aufgelegte Fläche sollte locker gewebt und stark strukturiert sein. Wir zupfen nun aus dem oberen Teil eine Anzahl Schußfäden, bis ein transparenter Mittelstreifen entsteht. Durch das Gitterraster der Kettfäden hindurch ist der untere Gewebegrund sichtbar. Beide Gewebe sollen zu einer formalen Einheit verarbeitet werden. Durch Bündeln und Flechten der Kettfäden entstehen Negativflächen. Durch Besticken (Spannstiche) können diese Formen auf den angrenzenden Flächen fortgeführt werden. Die beiden Positivflächen des aufgelegten Stoffs können gegeneinander verschoben werden, so daß weitere Positiv- und Negativformen entstehen (vgl. Abb. 42).

42 *Übung 3:* Herstellung eines Doppelgewebes, das durch Stickstiche miteinander verbunden wird

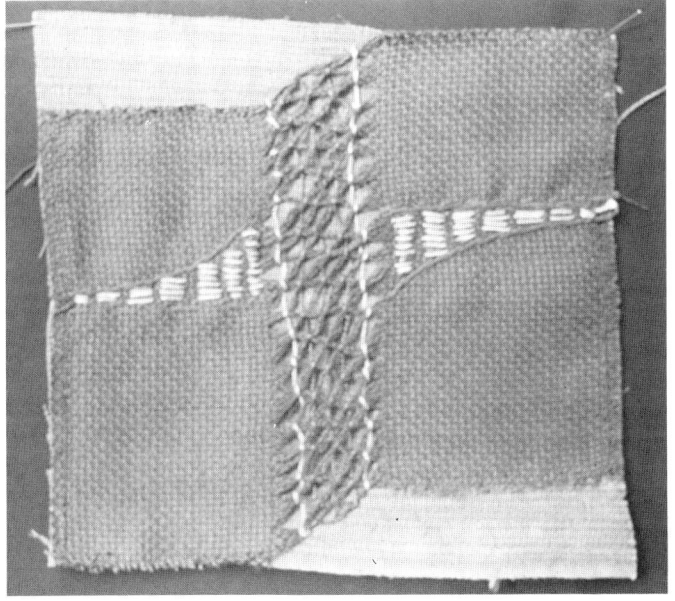

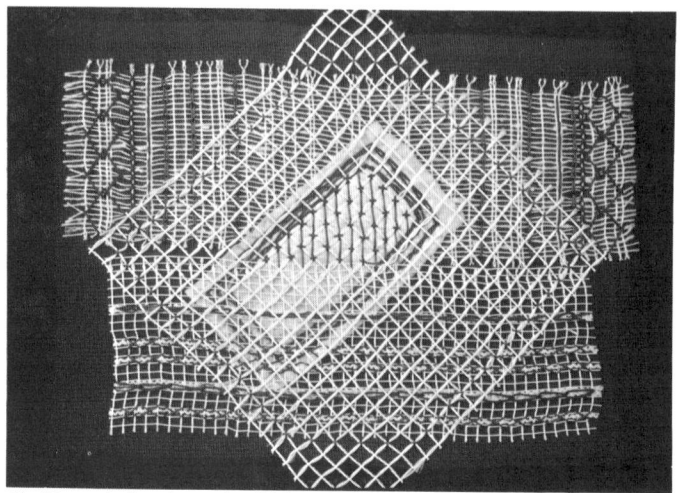

43 *Übung 4:* Erprobung der Wirkungen beim Übereinanderlegen transparenter Materialien

Übung 4 Wir stellen verschiedene transparente Gewebe- und Gewirketeile zusammen (Gardinenstücke, Tüll, Organza). Durch Übereinanderlegen (Überlappung) einzelner Teile versuchen wir, weitere Rasterformen und Schattier-Effekte zu erfinden. Wir erfahren, mit welchen Materialien durch Auflegen und zusätzliche Drehung des aufgelegten Teils, durch die Überlagerung der verschiedenen Rasterformen und -dichte neue »Gerüstformen«, Strukturverdichtungen, Tonstufen und Farben entstehen (vgl. Abb. 43; Farbabb. 6).

Übung 5 Einfache geometrische Formen (Rechteck, Quadrat, Raute, Kreis u. a.) werden ausgeschnitten und auf einem Gewebegrund so zusammengestellt, daß Negativformen (= der nichtbedeckte Gewebegrund) entstehen. Während die aufgelegten Teile, die Positivformen, ungestaltet bleiben, werden die Negativformen durch Besticken ausgeschmückt (vgl. Abb. 44). Bei einem anderen Beispiel wurden die Negativformen durch Überkreuzen von Filzstreifen erzielt (vgl. Farbtafel 16).

Übung 6 Hierzu benötigen wir einen Gewebegrund mit ausgeprägter Materialwirkung. Wir wollen versuchen, mit Auflegematerial aus gleichem oder anderem Material diese vorhandenen Strukturen zu verstärken und zu bereichern. Die Gestaltung soll dabei aus dem Gewebegrund »herauswachsen«, d. h. sie soll eine organische Einheit mit ihm bilden (vgl. Abb. 45).

44 *Übung 5:* Herstellung von Negativ- und Positiv-Formen. Die Negativ-Formen werden durch Gesticke ausgestattet

45 *Übung 6:* Die vorhandene Struktur des Gewebegrundes wird mit Auflegematerial und Gesticke organisch verbunden

Die Stickerei löst sich auch heute nur schwer aus ihrer erstarrten Tradition. Ihre Ausdrucksmöglichkeiten können aber nur ausgeschöpft werden, wenn das zu gestaltende Motiv aus dem Material heraus einfühlsam übersetzt wird. Das betrifft im besonderen Maße das Integrieren textilfremder Materialien.

Effektmaterial

Die glatten Oberflächen von Glas-, Kunststoff-, Perlmutt-, Muschelschalen- oder Metallgegenständen können einen angenehmen Kontrast zur textilen Struktur bilden, da sie strukturell neutraler als die Textilie sind. Beim Einsatz von Effektmaterial müssen die Materialeigenschaften harmonisiert werden. Die Glasperle fügt sich eher in eine transparente Gestaltung mit Organza und Seide ein. Dagegen entsprechen dem rustikalen Charakter einer Jute-Applikation aufgenähte Steine mit rauher Struktur oder Holzteile. Formal ergänzen und unterstützen sie das Gesticke. Durch Knötchenstich erzielte Punkte können auch durch Perlen ersetzt werden (vgl. Abb. 37; Farbabb. 3, 9). Das Effektmaterial vermag die Naturform und -struktur manchmal besser zu übersetzen als die Textilie. Die großen Netzaugen der stilisierten Biene (vgl. Farbabb. 2) wurden mit schwarzen glänzenden Perlen übersetzt. Auch Schraffuren, wie sie durch Stickstiche erzielt werden, können durch dünne Röhrenperlen ersetzt werden (vgl. Abb. 16).

Durch gezielten Einsatz des Materials kann das Bezeichnende und Charakteristische ausgedrückt werden. Das applizierte Stück Fell des Bienenmotivs bezeichnet das Behaartsein. Ein Schafauge wurde mit ungesponnener Schafwolle charakterisiert (vgl. Farbtafel 8).

Maschinengesticke (-»stickerei«)

Anstatt mit der Hand können die Gewebeteile natürlich auch mit der Nähmaschine appliziert werden. Sollen die Stiche der Maschine dabei ebenfalls eine gestaltende Funktion übernehmen,

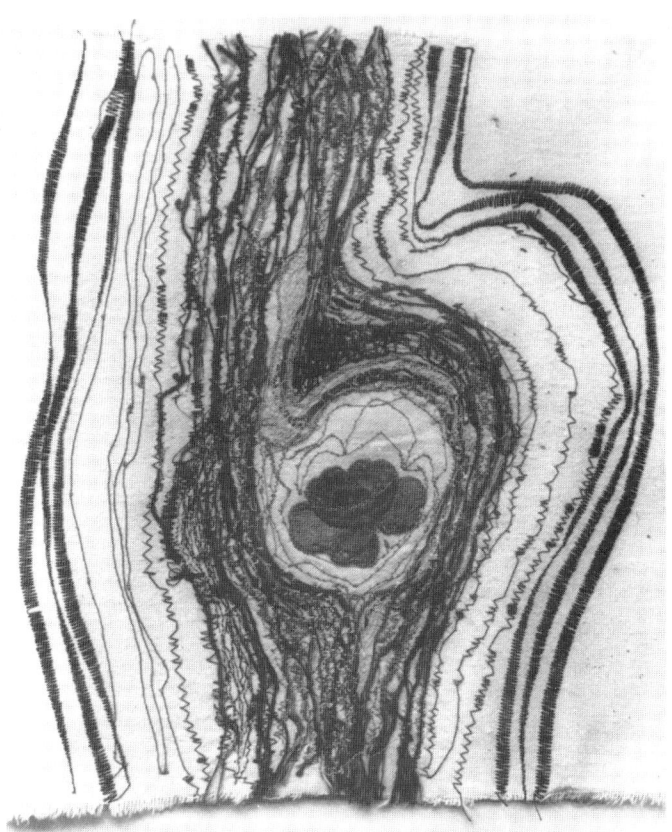

46 Maschinengestickte: Maschinengarne und Nähseide auf Baumwollgewebe, 30 x 40 cm. Dichte und lockere Stichführung mit schmalem und breitem Nadelausschlag bestimmen den Rhythmus der Linien

so müssen wir versuchen, das exakte Gleichmaß der maschinellen Stichführung zu durchbrechen.

Mit der Zick-Zack-Nähmaschine lassen sich durch eine dichtere oder lockerere Stichführung einerseits und durch einen schmaleren oder sich verbreiternden Nadelausschlag andererseits den Maschinenstichen eigene Ausdrucksmöglichkeiten geben.

Die abgebildete Maschinen-»Nadelmalerei« weist zahlreiche rhythmisch bewegte Linien auf, die stromlinienförmig eine im Zentrum der Gestaltung applizierte Rose umgehen (vgl. Abb. 46).

Das Umstrukturieren von Geweben

Für die bisher behandelten Stickformen war charakteristisch, daß der Gewebegrund als Gestaltungsträger unverändert blieb. Bei der hier behandelten Gestaltungstechnik wird die Textur des Gewebes gezielt ganz oder teilweise zerstört. Dazu benötigen wir lockere Gewebe in Leinwandbindung.

Um erste Erfahrungen zu sammeln, verwenden wir ein Stück Sackrupfen oder ein anderes Gewebe mit grobem Raster. Die Rustikalität dieses Materials verlangt großzügiges Arbeiten. Wir nehmen daher ein großes Format, etwa 80 x 100 cm:

Zunächst spannen wir das Gewebe auf einen provisorischen Lattenrahmen oder heften es mit Nadeln an eine Wand. Das Aufhängen ist wichtig, da die Wirkung durch die Größe des Formats nur aus einem gewissen Abstand überprüft werden kann.

Mit den Händen rücken wir Fäden aus ihrer Lage. Wie dies am geschicktesten zu bewerkstelligen ist, werden wir nach kurzer Zeit bereits selbst erfahren. Wir stellen fest, daß das Gewebe an einigen Stellen transparenter wird und daneben verdichtet (vgl. Abb. 47). Werden die Fäden seitlich verschoben, so erhalten wir an diesen offenen Stellen ein waagerechtes Gitter, werden sie nach oben oder unten verschoben, entsteht ein senkrechtes Gitter. Wollen wir eine Stelle nur auflockern, ohne daneben zu verdichten, so ziehen wir eine Anzahl Fäden ganz aus dem Gewebe oder schneiden sie heraus. Umgekehrt lassen sich Partien verdichten, wenn wir zusätzlich Fäden des gleichen Materials (die wir an anderer Stelle ausgezupft hatten) wie beim Stopfweben einstopfen. Das können wir auch mit Fäden aus anderem Material und unterschiedlicher Stärke und Farbe bewerkstelligen. Beschleunigen läßt sich diese Arbeit, wenn ein Fremdfaden mit dem Ende eines Jutefadens des Gewebes verknüpft und durch das Gewebe gezogen wird.

Wir erhalten Linien und Flächen, die sowohl gerade bzw. rechteckig als auch gebogen sein können. Bewegungen und Gegenbewegungen stellen sich fast von allein ein.

92

Wird das Gewebe mit den Fingern durchstoßen und an dieser Stelle ausgeweitet, indem die Fäden nach allen Seiten weggeschoben werden, so entstehen Punkt- und Kreiselemente. Es bietet sich an, diese »Inseln« stromlinienförmig mit Linien zu umfließen (vgl. Abb. 5). Die so entstehenden Formen erinnern an die Holzmaserung (vgl. Abb. 1), an Gesteins- und Erdschichten.

47 Umstrukturierung durch Verschieben der Fäden: Siebleinen, 40 x 60 cm. Die Bündelungen von Kett- und Schußfäden ergeben ornamentale Muster

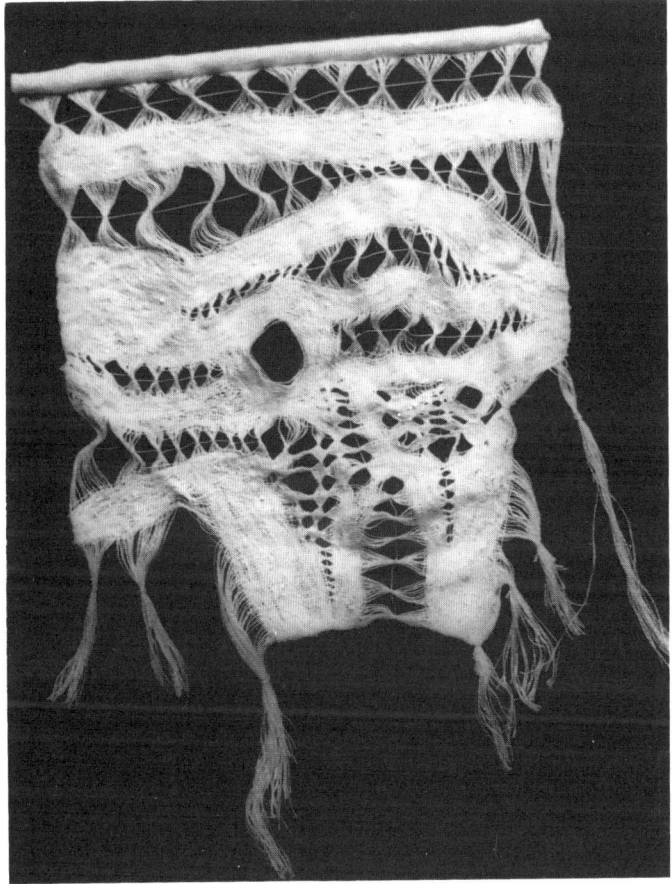

48 Umstrukturierung durch Verschieben und Ausziehen der Fäden bzw. Wieder-
einstopfen: Jutegewebe (schwarz) auf Filzgrund (rot), 40 x 30 cm

Um zu vermeiden, daß Fäden wieder in die alte Lage zurück-
rutschen, werden sie mit ausgezupften Fäden oder Fremdmaterial abgebunden. Die Fadenbündel und Formen der Verknüpfung können
in die Gestaltung mit einbezogen werden; wir erhalten so Partien mit
ornamentaler Wirkung, gleichmäßigen Mustern oder eigenwilligen
Einzelformen (vgl. Abb. 47).
Die Ränder sollten gegen das Ausfransen durch Umfädeln oder Ab-
bündeln gesichert werden.
Durch Einziehen von Gewebebändern oder Applizieren von weiteren
Gewebeflächen kann der Gewebegrund zusätzlich verdichtet werden.
Da das Gewebe durch das Ziehen und Verschieben leicht seine Form
verliert und ausfranst, ist es sinnvoll, die Arbeit auf dem Holzrahmen
zu belassen. Einzelne Fäden können nachgespannt werden, indem sie

mit Blaukopfnägeln rückseitig am Rahmen festgenagelt werden. Wird der Rahmen als dekorativer Schmuck vor ein Fenster gehängt, so kommt die an eine Spitze erinnernde Gestaltung gut zur Wirkung.

Das umstrukturierte Gewebe kann auch auf einem kontrastierenden Gewebegrund befestigt werden. Für eine Arbeit wurde schwarzer Rupfen zum Umstrukturieren verwendet (vgl. Abb. 48). Der Untergrund besteht aus rotem Filz. Die unstrukturierten Negativformen stehen in wohltuendem Kontrast zu den stark strukturierten Positivflächen. (Die Kettfäden wurden in der ganzen Breite der beiden Negativpartien ausgezogen). Die Textur des Grundgewebes wurde in einigen Partien unverändert gelassen (obere und untere Reihe) und in anderen Partien (Mitte) durch Verschieben und Ausstopfen stärker verdichtet. Es entstand ein Wechsel von wenig, mittel und stark strukturierten Flächen.

49 Durchbrucharbeit: Siebleinen, 25 x 35 cm. Durch Verschieben, Bündeln, Einstopfen und Ausziehen der Fäden wurde der Gewebegrund zu einer Knospenform gestaltet

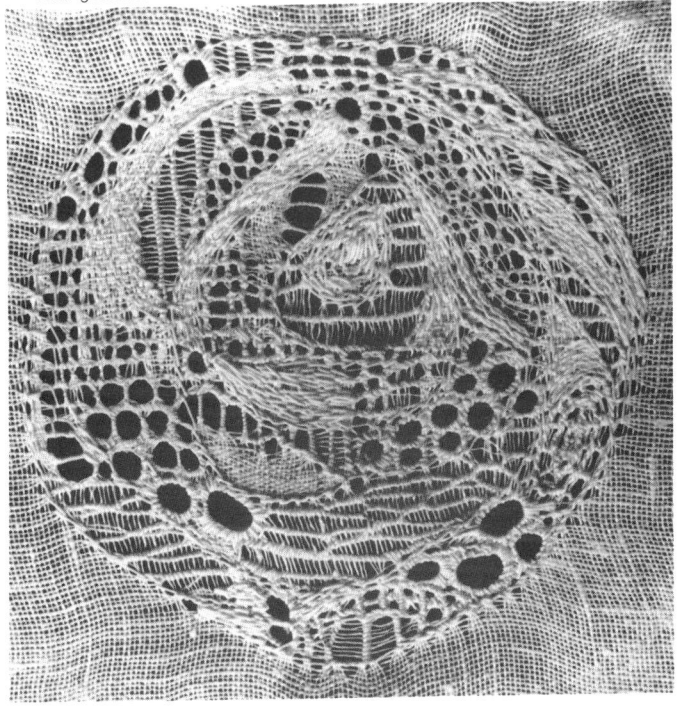

Durchbrucharbeiten in grobstrukturierten Leinengeweben erinnern an frühere sogenannte »Weißstickereien« (vgl. Abb. 49). Die natürlichen Unregelmäßigkeiten in der Textur des hier verwendeten Siebleinens vermitteln ein rustikales Aussehen. Die Verdichtungen wurden durch Einstopfen von Leinenfäden und Stickfäden erzielt, wobei der Fadenverlauf den Formen angepaßt wurde. Auflockerungen bestehen in Reihungen von Löchern. Beide Fadensysteme wurden gebündelt und umwickelt. Durch Verschieben und Ausziehen von Kett- und Schußfäden entstanden senkrechte und waagerechte Gitterraster. Der Kontrast von Hoch und Tief verleiht der Arbeit einen reliefartigen Charakter mit unterschiedlichen Tonstufen. Das Motiv stellt in stilisierter Form den Querschnitt einer Knospe dar.

Das Umstrukturieren von Gewirken und Gestricken

Gehäkelte und gestrickte netzartige Teilstücke verändern beim Verziehen das Aussehen der Maschen. Werden Teile gezielt un-

50 und 51 Umstrukturierung von Gewirke und Gestricke: Wolle, Durchmesser: 32 cm. Das mit unterschiedlich starken Stricknadeln angefertigte Stück ergibt beim Verziehen reizvolle grafische Strukturen

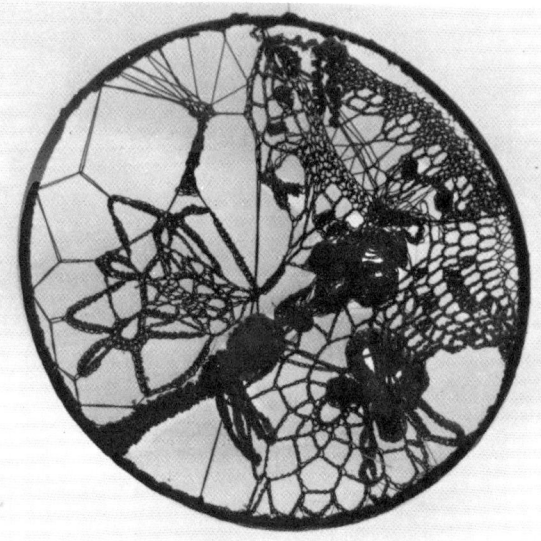

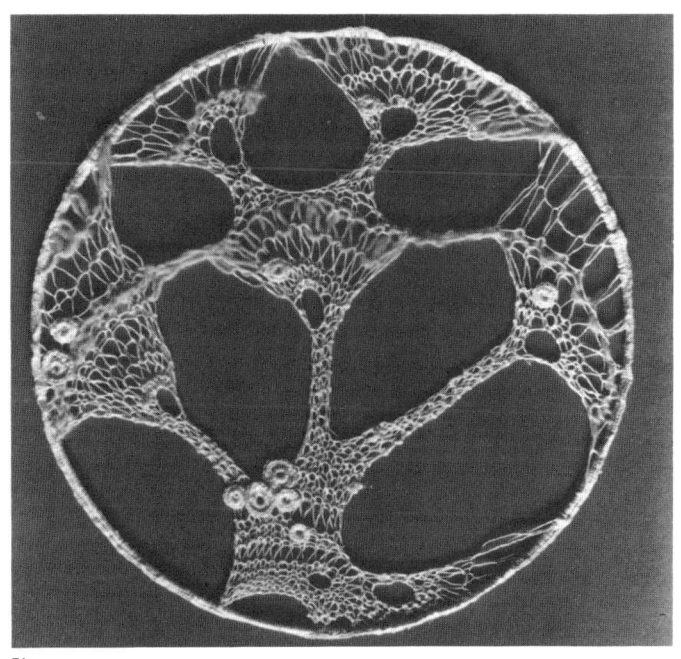

51

regelmäßig mit unterschiedlich großen Stricknadeln angefertigt, die Formteile miteinander verknüpft und in einem runden oder eckigen Rahmen verzogen aufgespannt, so ergibt die auf diese Weise entstehende »Zeichnung« reizvolle grafische Strukturen (vgl. Abb. 50, 51). Weitere Differenzierungen sind durch verschiedenartige Fäden und Farben möglich. Wenn durch Ziehen und notfalls durch Auswechseln von einzelnen Teilen die Gestaltung »Form« angenommen hat, wird der Drahtring mitsamt den Knoten umhäkelt, um einen sauberen Abschluß zu bekommen.

Eine Anzahl so gestalteter rechteckiger Rahmen kann zu einer Gemeinschaftsarbeit zusammengefügt werden (vgl. Abb. 52).

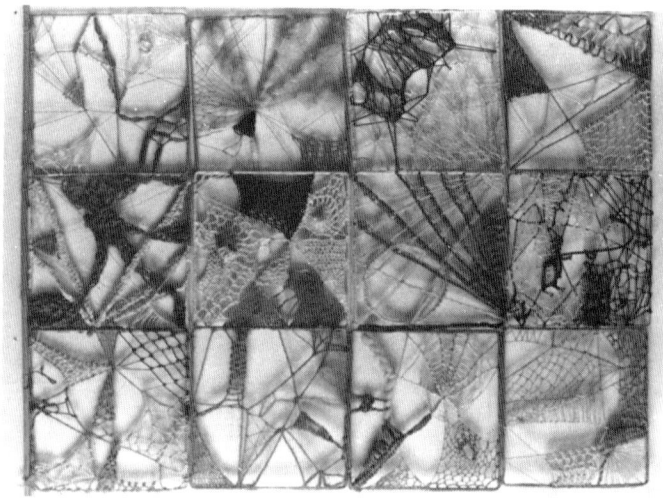

52 Umstrukturierung von Gewirke, Gestricke und Geknüpfe (Gemeinschaftsarbeit): Die quadratischen Drahtrahmen wurden zum Abschluß miteinander
verbunden, 120 x 160 cm

Das linear-plastische Gestalten

Wird ein Gewebegrund abgepolstert und dann bestickt, so liegen
die Stiche tiefer und bilden Gräben oder Rillen. Die Flächenformen, die sie umschließen, bleiben erhaben stehen. (Der Vorgang
ist mit der reliefplastischen Gestaltung der Bildhauerei vergleichbar.) Bei diesem auch mit Quilting (engl. to quilt = wattieren) bezeichneten Verfahren wird der zu gestaltende Gewebegrund vorher abgepolstert (Watteunterlage, Schaumstoff).
Durch Nähte von Hand oder mit der Maschine entstehen
Vertiefungen in der Oberfläche. Der Quilting-Stich geht durch
den unteren Steppgrund, durch das Füllmaterial und durch das
obere Gewebe und zieht die Teile fest zusammen. Er hat dabei
gleichzeitig Gestaltungsfunktion. Die zwischen den Nähten lie-
genden Flächen formen sich je nach Abstand zu Wölbungen und
Wülsten.

Dabei können beim linear-plastischen Gestalten Linien mit unterschiedlichster Wirkung erzielt werden. Der Charakter der Linie wird bestimmt durch das Material, aus dem sie gebildet wird (Auflege- oder Stickmaterial), und ihrem Rhythmus.

Beispiel 1 Eine Nahtlinie aus an den Untergrund angenähertem Nähmaterial bleibt unsichtbar. Durch die erzielte Plastizität, durch die Licht-Schatten-Wirkung tritt sie jedoch optisch hervor. Je nach Abstand der Nähte sind die Vertiefungen unterschiedlich und ergeben damit einen anderen Liniencharakter. Eine aus einfachen geometrischen Formen zusammengesetzte Gestaltung kann sich die Wirkung des Lichteinfalls zunutze machen (vgl. Abb. 53). Durch den Richtungswechsel der Naht wechseln auch Licht- und Schattenseite der Vertiefungen. Die unterschiedlichen Abstände der Nähte zueinander wirken sich auf die Breite und den Tonwert der Linien aus. Dagegen weisen die in Rich-

53 Linear-plastisches Gestalten: Maschinennaht auf Batist und Schaumstoff, 40 x 40 cm. Der Richtungswechsel der Naht verändert Linie und Fläche

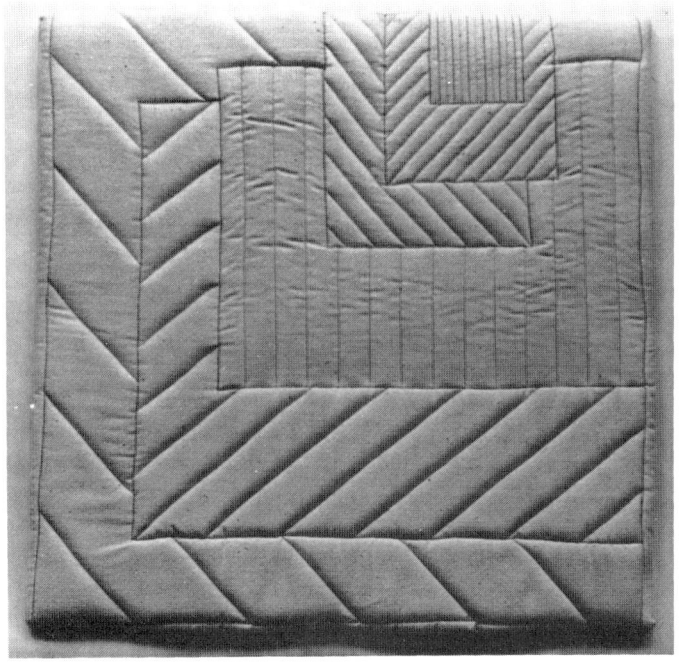

54 Linear-plastisches Gestalten (Kinderarbeit): Handnaht mit Sticktwist und Nähgarn auf Batist und Schaumstoff, 30 x 40 cm

tung Lichteinfall verlaufenden Nähte nur wenig Plastizität auf, und die Gesamtform tritt weniger erhaben hervor. Die gesamte Gestaltungsfläche untergliedert sich dadurch in unterschiedlich hoch liegende Teilflächen.

Beispiel 2 Setzt sich das Nähmaterial in Farbe, Stichform und Material (Typ, Stärke) vom Untergrund ab, so wird der Liniencharakter neben der Wirkung des Reliefs durch diese Faktoren zusätzlich mitbestimmt. Es lassen sich grafisch reizvolle Motive in linearer Stichform zeichnen (vgl. Abb. 54, 55). Die Nadel wird zum zeichnenden Werkzeug, indem sie den Faden hinter sich herzieht. Die Linie kann verstärkt werden, wenn dickere Fäden genommen oder mehrere Fadenlinien nebeneinander gezogen werden.

Beispiel 3 Eine andere Möglichkeit, Plastizität zu erzielen, besteht darin, den Gewebegrund (mit oder ohne Abpolsterung) zu verschieben, zu knautschen oder in Falten zu legen. Dabei können auch zusätzliche Gewebeteile in dieser Form appliziert werden. Die so entstandenen Formen werden durch Besticken befestigt und ausgestaltet (vgl. Abb. 56). Man kann auch nur bestimmte Teile des Gewebegrundes auswattieren oder Materialien (z. B. Kordelstücke) unterlegen.

55 Linear-plastisches Gestalten (Kinderarbeit) Handnaht auf Batist und Schaumstoff, 30 x 40 cm

56 Linear-plastisches Gestalten (Ausschnitt): Handnaht mit Sticktwist auf
Dralongewebe, 50 x 80 cm. Die Plastizität wurde durch Knautschen und
Fälteln erzielt, durch Applizieren von Fäden und Gesticke bereichert

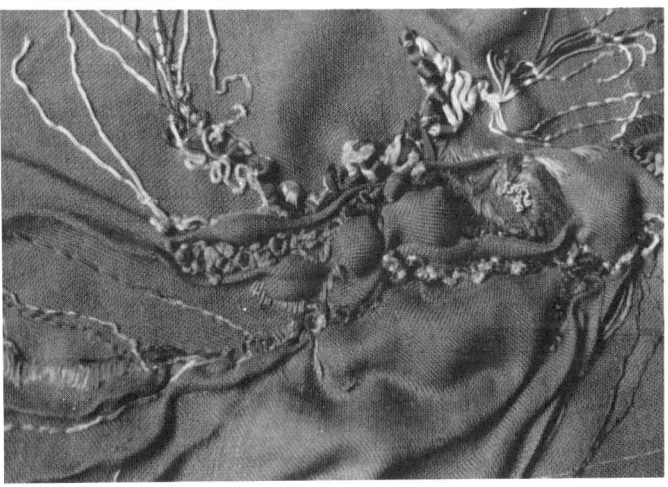

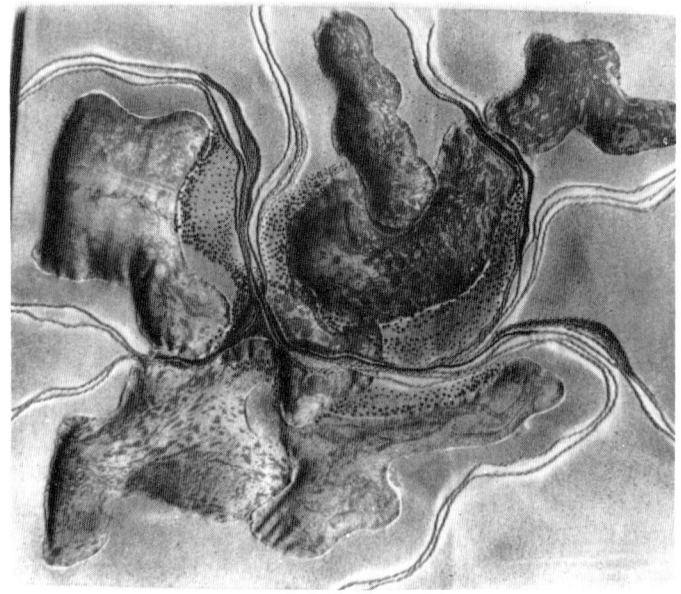

57 Plastisches Gestalten: Handnaht auf Batist und Watte (Polsterung), 100 x
120 cm. Die Plastizität und der Licht-Schatten-Kontrast wurden durch Spritzdruck erhöht

In allen Fällen kann durch Stoffmalerei – mit dem Pinsel oder in
Spritztechnik – die Licht-Schatten-Wirkung unterstützt werden (vgl.
Abb. 57).

Die Möglichkeiten linear-plastischen Gestaltens sind damit keineswegs erschöpft. Sie ergeben ein weites Experimentierfeld. Die
Plastizität wird durch Abtasten mit dem Auge und dem Tast-
sinn der Hand erfaßt. Gestaltungen, bei denen plastische Elemente den bildnerischen Ausdruck bestimmen, vermögen über
das Visuelle hinaus andere Sinnesorgane wie die haptische
Wahrnehmung anzusprechen.

Das Knüpfen (Makramee)

Wie die meisten textilen Techniken, so hat auch das Knüpfen (Makramee) eine lange Tradition mit ursprünglich praktischen Funktionen. In neuerer Zeit verlagert sich das Anwendungsgebiet dieser Knotenknüpferei auf freies Gestalten.

Fäden als Knüpfmaterial und Effekt-Materialien sind die einzigen Mittel für diese dekorative Technik. Die zunehmende Beliebtheit des Knüpfens hat verschiedene Ursachen. Die Hände strukturieren textile Flächen selbst und ohne Werkzeug – Gegenpol zu der maschinell gewebten, käuflichen Ware. Dazu gesellt sich der Wunsch nach mehr Individualität: Der Gestaltungsgegenstand läßt sich dem eigenen Geschmack und der eigenen Umgebung beliebig anpassen.

Das Knüpfen verlangt nur wenig Aufwand an Vorwissen und Fertigkeiten, benötigt weder Werkzeug noch Werkraum und ist nicht kostenaufwendig. Knüpfmaterialien brauchen nicht als »Makramee-Kordel« käuflich erworben zu werden, da alle Garne, Kordeln und sonstige, wie Fäden verwendete Gebilde – Paketkordeln oder Bänder, Schuhriemen oder Strickwolle – sich mehr oder weniger gut eignen.

Knüpfen lernen bedeutet nur in geringem Maße, die Knotentechnik zu erlernen. Vielmehr bedeutet es, mit Knoten Strukturen und Formen, Muster und Ornamente zu bilden. Das Material hat dabei zweifache Funktion: eine ästhetisch-formale und eine funktional-zweckbestimmte. (Wer würde schon gern ein Halsband aus kratzender Sisalkordel tragen?) Makramee-Arbeiten werden auch gern von Männern geknüpft. Große und kleine, alte und junge, weibliche und männliche, geschickte und ungeschickte Hände können sie ausführen. Auch an Gelegenheiten mangelt es nicht. Geknüpft werden kann immer: in der Mittagspause oder in der Kaffeerunde, im Gartenstuhl oder auf dem Beifahrersitz, an schönen oder an verregneten Wochenenden.

Vorbereitung und Vorgehen

Hilfsmittel und Planung

Im Grunde braucht man lediglich die beiden Hände zum Knüpfen. Hilfsmittel dienen dazu, das Arbeiten zu erleichtern.

Wir brauchen einen Haltefaden oder Stab, einen Ring oder ein anderes gleichzeitig als Gestaltungselement dienendes Teil, an das die Fäden mit Schlingknoten angehängt werden (ähnlich der Stricknadel, die eine Maschenreihe hält). Da beim Knüpfen ständig an den Fäden gezogen wird, muß dieses Halte-Element gut befestigt werden. Für die Art der Befestigung gilt, was für die jeweilige Knüpfarbeit am praktischsten ist:

1   Eine Kordel wird sehr stramm parallel zur Tischkanten-Längsseite über den Tisch gespannt. In diese Kordel (das Halte-Element) werden die einzelnen Fäden mit Schlingknoten eingehängt. Es können mehrere Personen nebeneinander an derselben Kordel arbeiten. Nach Fertigstellung der Knüpfarbeit wird die Kordel vor und hinter jeder Arbeit abgeschnitten. Wenn wir sie später durch einen Holzstab ersetzen wollen, müssen beim Anhängen die Schlaufen bereits so locker geknüpft werden, daß der Stab hindurchpaßt.

2   Ein Stuhl wird umgedreht auf den Tisch gestellt, so daß die Sitzfläche aufliegt. Zwischen den uns zugewandten Stuhlbeinen wird eine Kordel gespannt. Bei dieser Vorrichtung hängt die Knüpfarbeit frei herab. Es kann sehr bequem im Sitzen gearbeitet werden, da die Kordel mit dem Fortgang der Arbeit höher geschoben werden kann.

3   Wird im Freien gearbeitet, so hilft ein Stück Styropor oder ein Holzbrettchen. Die Kordel wird an eingesteckten (beim Styropor) oder eingeschlagenen (beim Holz) Nägeln befestigt. Das improvisierte »Befestigungsgerät« wird beim Knüpfen zwischen die Knie geklemmt.

4 Bei größeren Arbeiten, z. B. Wandbehängen, die an einen Rundstab
o. ä. angehängt werden, wird am besten im Stehen an einer Wand
gearbeitet. Der Stab wird in Brusthöhe an der Wand befestigt und
nach Bedarf höher gehängt.

Die Fäden werden angehängt, indem sie doppelt genommen und
an der Knickstelle mit einem einfachen Schlingknoten um den
Stab geschlungen werden (vgl. Abb. 59, 60, 61). Die Anzahl der
aufzuhängenden Fäden richtet sich nach der Breite der beabsichtigten Knüpfarbeit, wobei auch die Fadendicke eine Rolle spielt.

Die Länge der einzelnen Fäden hängt davon ab, ob locker
oder dicht gearbeitet werden soll (mit vielen oder mit wenigen
Knoten). Auch die Garn- bzw. Kordelstärke spielt eine Rolle.
Wir können dabei von folgender Faustregel ausgehen:

1 Bei durchschnittlicher Knotenmenge muß der Faden acht- bis zehn-
mal die Höhe der fertigen Knüpfarbeit aufweisen.
2 Bei dichter, knotenreicher Struktur sollte der Faden zehn- bis zwölf-
mal so lang wie die Höhe der Knüpfarbeit sein.

Die Fäden erscheinen uns als sehr lang, aber wir sollten bedenken, daß jeder Faden beim Aufhängen halbiert wird; es wird
nur mit der halben Fadenlänge gearbeitet.

Bei großen Arbeiten mit viel Fadenmasse werden die einzelnen Fäden bis auf 50 cm Länge aufgewickelt und das Knäuel
mit einem kleinen Gummi zusammengehalten. Im Verlauf der
Arbeit kann dann immer eine Schlaufe herausgezogen werden.

Man braucht nicht ängstlich darauf bedacht zu sein, daß die
Fäden exakt in der richtigen Länge abgeschnitten werden. Bei
manchen Mustern verkleinern sich ohnehin einige schneller als
andere. Die Fäden können notfalls verlängert werden: Bei dünnen Fäden machen wir einen Schlingknoten, den wir fest anziehen; die Enden werden dicht hinter dem Knoten abgeschnitten. Den Knoten lassen wir zur hinteren Seite der Knüpfarbeit
hin verschwinden.

Bei dickerem Material werden die Fadenenden aufgefasert
und die Fasern mit Alleskleber ineinander verklebt.

Es fällt dabei ein Paradoxum auf: Die Knüpfarbeit besteht
aus praktisch funktionslosen Knoten; der vielleicht einzige Knoten mit praktischer Funktion wird verborgen.

Die Struktur eines Knüpfwerks wird von den verarbeiteten Fäden mitbestimmt. Wir müssen daher erfahren, wie sich das Knüpfmaterial beim Knüpfen verhält und welche Strukturen die Knoten mit diesem Material bilden. Wir haben daneben auch die praktische Verwendung der Knüpfarbeit zu berücksichtigen und müssen das Material auswählen nach Eigenschaften wie fest, weich, strapazierfähig u. a. (vgl. das Kapitel *Das textile Material*).

Weiche Materialien, z. B. Wolle, ergeben beim Anziehen der Fäden dünne Knoten, die kaum zu sehen sind. Andererseits ergibt Wolle eine sehr dichte Knotenfläche, und die Knüpfarbeit fällt elastisch, was bei Kleidungsteilen wichtig ist.

Harte Materialien wie Jute- und Hanfkordel, aber vor allem auch synthetische Materialien, dehnen sich beim Anziehen der Knoten kaum und ergeben daher deutlich sichtbare Knotenstrukturen. Unterstützt wird die Strukturwirkung durch Licht und Schatten, wenn wir z. B. helle Töne (Naturtöne) verwenden.

Gebräuchliche Knüpfmaterialien sind Garne und Kordeln aus Hanf, Jute, Wolle, Baumwolle und Sisal. Man bekommt sie in unterschiedlichen Geschäften: Läden für Bastlerbedarf, Handarbeiten, Papierwaren und Seglerzubehör, in Seilereien und Drogerien sowie in den entsprechenden Abteilungen von Kaufhäusern. Wer vor hat, häufiger zu knüpfen, kann sich einen Ordner mit *Musterkarten* anlegen. Auf je einer Karte können Material und Knüpfmuster, erhältliche Farbstellungen, Eigenschaften und Texturarten zusammengefaßt werden.

Effektmaterial muß sich in die Gesamtgestaltung einordnen; es steht entweder im Kontrast zu dem textilen Material oder unterstützt es. Die glatte Oberfläche einer Holzperle bildet zu der faserigen einer Hanfkordel einen Glatt-rauh-Kontrast und einen Glänzend-matt-Kontrast. Das nicht-textile Material darf nicht »aufgelegt« wirken. Dieser häufig vorkommende Fehler hat seinen Ursprung meist schon in einem voreiligen Einkauf. Eine größere Auswahl unterschiedlicher Materialien erleichtert die Zusammenstellung. Es können Perlen aus Holz, Glas, Kunststoff oder Keramik sein, geeignete Dinge aus der Natur oder Abfallprodukte (Korken, Kronenkorken). In einer Reihe von Gläsern oder Kartons können wir alles sammeln, auch die Mitbringsel von Spaziergängen (Holz- und Korkenstücke, trockene Pflanzenteile) oder aus den Ferien (Muscheln).

Die schönsten Dinge trägt uns oft der Zufall zu. Auch wenn wir nicht gerade eine Knüpfarbeit planen, sollten wir die Materialien in unserer Umwelt »sichten«. Messingkugeln wurden der Anreiz zu einem geknüpften Halsband (vgl. Abb. 58). Eine Sammelaktion »alte Perlenketten« im Bekanntenkreis vergrößert unseren Perlenvorrat.

58 Makramee-Schmuck: Halsband, mit wenigen Flachknoten geknüpft. Lederriemen, schwarzes Schuhband, Messingkugeln

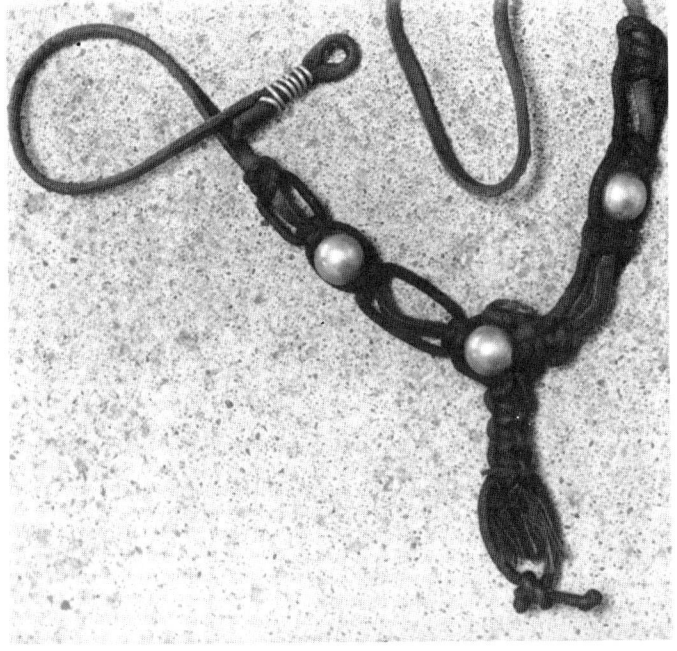

Von Gegenständen für rein funktionale Zwecke abgesehen (Tasche, Gürtel), kann für die Knüpfarbeit als Halte-Element alles mögliche genommen werden: Rundstab, Bambusstab, Glasstab, ein Stück Ast oder – bei kleineren Arbeiten – ein Ring aus Holz oder Metall, ein Armreif aus Kunststoff oder ein Gardinenring. Wir können aber auch einen alten Türbeschlag oder Eisengriff, ein Stück Kette, eine Spinnspule oder ein gedrechseltes Holzteil verwenden. Das Halte-Element sollte ebenfalls zu den anderen Materialien in Einklang stehen. Verwenden wir als Halte-Element einen Bambusstab, so bietet es sich an, weitere Bambusstückchen zurechtzusägen und sie wie Perlen einzuknüpfen.

Grundknoten mit Variationen

Einige Begriffe

Das Prinzip des Knüpfens ist uns vom Pakete-Verschnüren und Schuhe-Binden her vertraut. Es werden gleichzeitig verschiedene Kordelenden miteinander verschlungen.

Selbst die einfachsten Knoten wollen geübt werden. Dazu spannen wir uns, wie beschrieben, einen Trägerfaden als Halte-Element auf, hängen 6 bis 8 Doppelfäden in ca. 1 m Länge an und knüpfen die beiden Grundknoten in einigen Variationen und Mustern (vgl. Abb. 63–65).

Das Besondere beim Makramee-Knoten ist, daß der Knoten über einen Faden (auch mehrere Fäden) geknotet wird. Wir unterscheiden daher:

1 *Arbeitsfäden:* Mit ihnen werden die Knoten geknüpft. Sie werden auch Knüpffäden genannt.
2 *Trägerfäden:* Sie tragen die Knoten (auch: Leitfäden).

Beide, Arbeits- und Trägerfaden, können aus einem oder mehreren Fäden bestehen (Fadenbündel). Im letzteren Fall wird mit ihnen wie mit einem einfachen Faden geknüpft. Das ist sehr praktisch, wenn im Knüpfprozeß Fäden sonst nicht mehr unter-

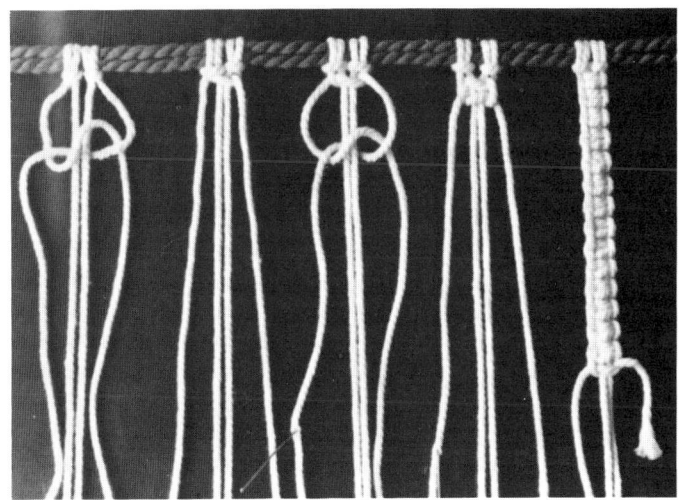

59 Knüpfen des Flachknotens (»Weberknoten«; vgl. Abb. 60)

zubringen sind. Der Knoten wird dann differenzierter und größer als bei der Verknüpfung von zwei Fäden.

Wir wollen die beiden häufigsten Grundknoten und einige
Abwandlungen kennenlernen. Nach ihrer äußeren Form werden sie mit *Flachknoten* (auch: Weber- oder Kreuzknoten) und
Rippenknoten (auch: halber Schlag oder Halbknoten, doppelter
halber Schlag oder doppelter Halbknoten) bezeichnet. Mit diesen beiden Knotenarten lassen sich unbegrenzt viele Muster herstellen und kombinieren.

Flachknoten

In seiner Grundform wird er mit 4 Fäden geknotet (vgl. Abb.
59, 60). Die beiden äußeren Fäden werden über die beiden inneren geknüpft. Der rechte äußere Faden wird über die beiden
inneren geführt und unter dem äußeren linken hindurch (rechts
eine kleine Schlinge lassen). Dann wird die linke äußere Schnur
nach oben unter die mittleren beiden und durch die eben er-
wähnte Schlinge nach oben geführt (Abb. 60/1).

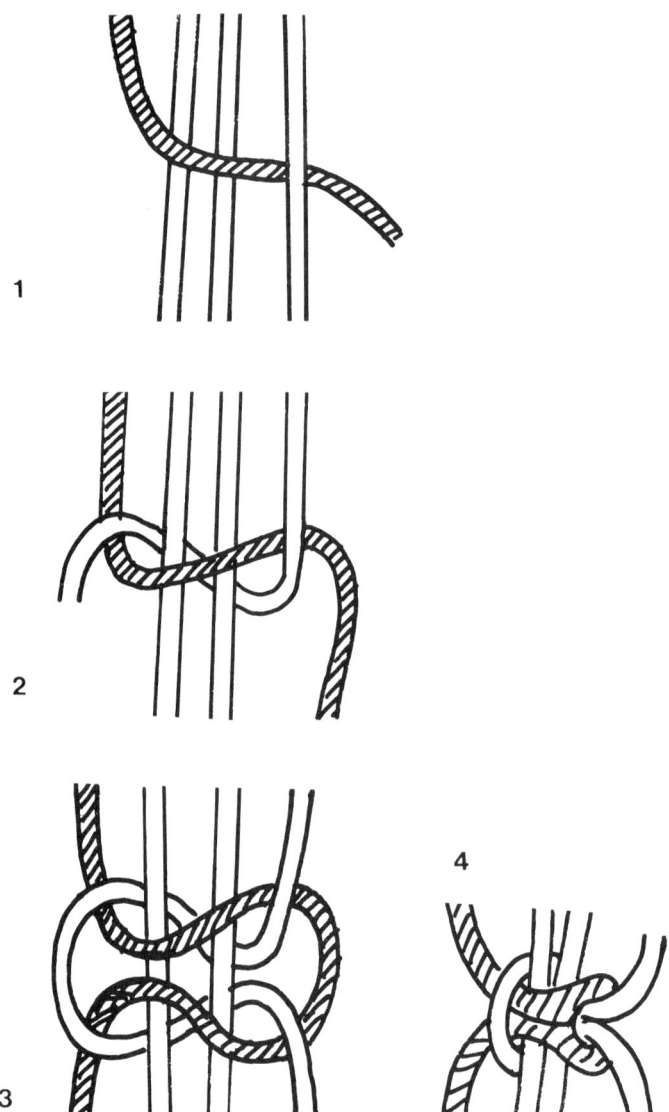

60 Knüpfen des Flachknotens (vgl. Abb. 59)

Die mittleren beiden werden zwischen Mittel- und Ringfinger festgehalten, während mit Daumen und Zeigefinger beider Hände gleichzeitig der Knoten festgezogen wird. Die mittleren Fäden dürfen dabei nicht verdreht werden, sondern müssen glatt nebeneinanderliegen (Abb. 60/2).

Damit haben wir die erste Hälfte fertiggestellt. Die zweite Hälfte wird gegengleich gearbeitet, indem mit der anderen Seite angefangen wird (Abb. 60/3 und 60/4).

Wenn wir vergessen haben, ob wir bei links oder rechts waren, können wir uns merken, daß es immer auf der Seite weitergeht, wo die Schlaufe nach oben weist.

Eine Reihe von Flachknoten ergibt ein flaches Band. Die Breite läßt sich beeinflussen, indem mehrere Fäden als Trägerfaden verwendet werden. Abbildung 61 zeigt drei einfache Abwandlungen des Flachknotens. Wird der Flachknoten in gleichmäßigen oder ungleichmäßigen Abständen an dem Trägerfaden

61 Abwandlungen des Flachknotens

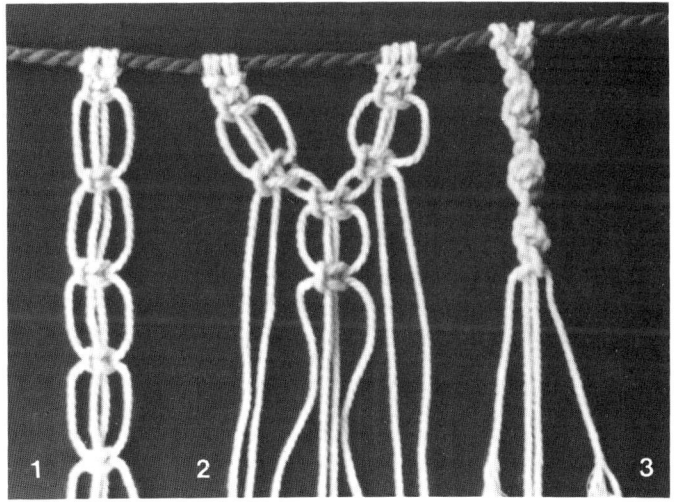

verknotet, entstehen Zwischenräume. Wird der Knoten nachträglich noch etwas hochgeschoben, so bilden die äußeren Fäden Bögen (Abb. 61/1). Werden zwei Flachknotenreihen nebeneinander geknüpft und die 4 inneren Fäden ebenfalls zu einem Flachknoten verarbeitet, dann erhalten wir ein Netz, wie es für Einkaufsnetze manchmal gebräuchlich ist (Abb. 61/2). Eine Spirale erhalten wir, wenn beim Knüpfen des Flachknotens nur die erste Hälfte ausgeführt und dieser Arbeitsschritt ständig wiederholt wird (Abb. 61/3).

Rippenknoten

Man schlägt eine einfache Schlaufe mit dem Arbeitsfaden über einen Trägerfaden (»halber Schlag«), wiederholt das gleiche (»doppelter halber Schlag«) und zieht den Arbeitsfaden fest an. Werden weitere Arbeitsfäden um ein und denselben Trägerfaden geschlungen, so erhalten wir eine Knotenreihe, die plastisch-reliefartig wirkt und rippenähnlich aussieht – daher die Bezeichnung Rippenknoten (vgl. Abb. 62).

Die abgebildeten Knüpfarbeiten (Abb. 63–65) sind Probestücke, die zur Musterfindung dienen sollten. Bei der oberen ersten Rippenreihe wurde der erste Faden als Trägerfaden von links nach rechts gehalten und alle übrigen Fäden nacheinander um diesen Faden zu einer Rippenknotenreihe geknüpft. Dann wurde der gleiche Trägerfaden von rechts nach links gehalten und eine weitere Reihe Rippenknoten in umgekehrter Richtung geknüpft. Im Mittelteil wurden schräge Rippenreihen sowie Rauten- und Zickzackmuster gebildet. Dabei wurde der Arbeitsfaden lediglich in der gewünschten Schräglage festgehalten. Bei der Raute wurden die beiden mittleren Fäden der Reihe, und zwar der linke zur rechten Seite hin und der rechte zur linken, gearbeitet. Stehen die Rippenreihen dicht zusammen, ergeben sich geschlossene Flächen.

Außer Flach- und Rippenknoten gibt es noch eine Anzahl anderer Knotentypen. Einer der am häufigsten vorkommenden Knoten ist der sogenannte Josefin-Knoten, der in Form von Zöpfen geflochten wird (vgl. Abb. 66).

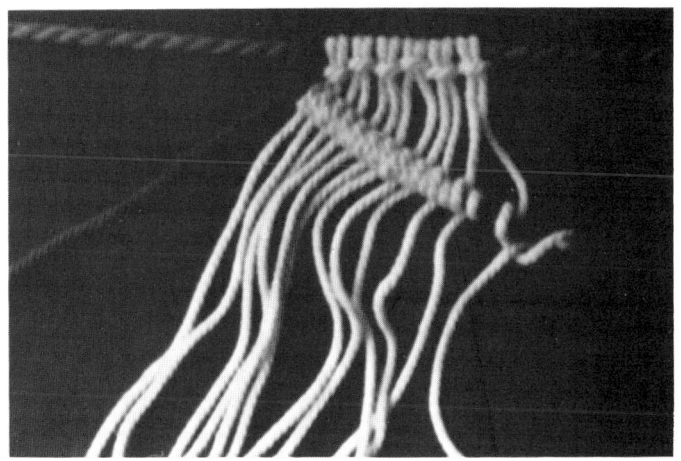

62 Knüpfen eines Rippenknotens (»halber Schlag«)

63–65 Probeknüpfarbeiten: Übungen zur Knoten- und Musterbildung

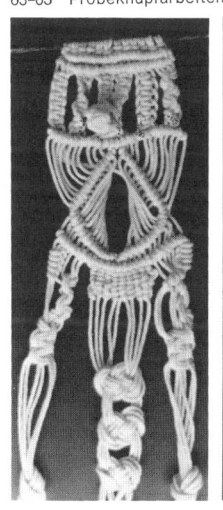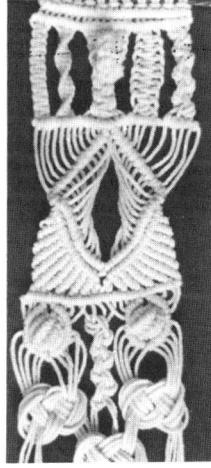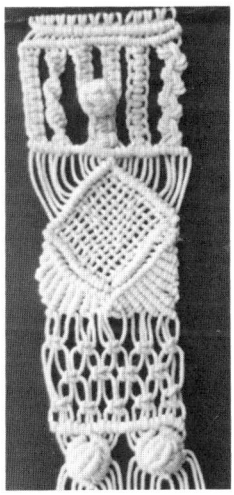

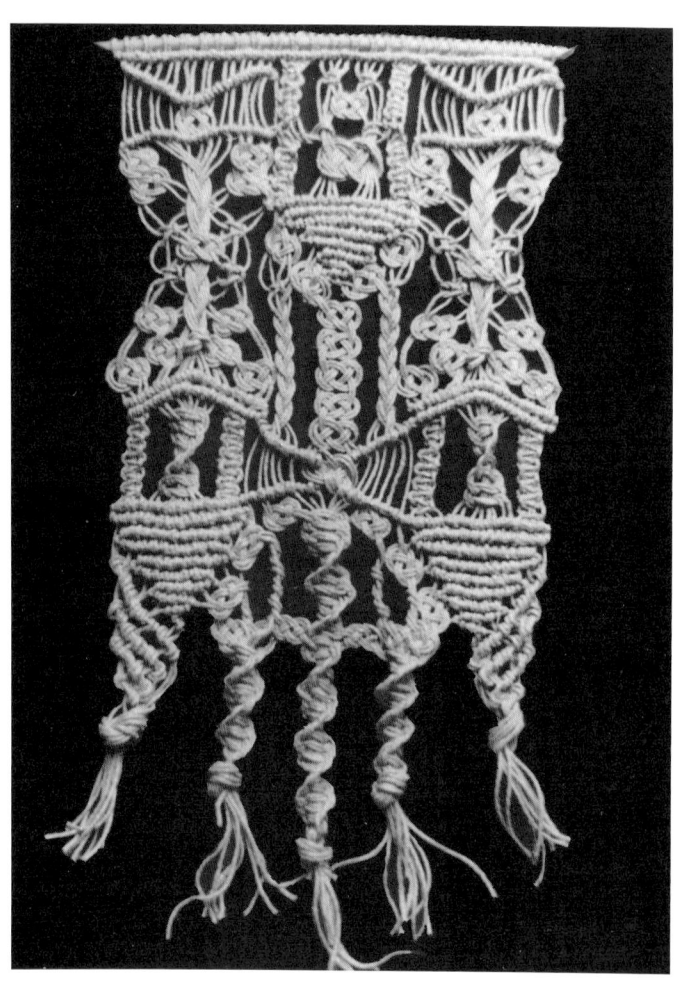

66 Makramee: Hanfkordel, 80 x 40 cm. Mit Flach-, Rippen- und Josefinknoten gebildete ornamentale Musterung

Struktur und Muster

Wir lernten einige Materialien und Knüpftechniken kennen und sind nun in der Lage, eine Reihe von Mustern zu bilden, die wir dann an einer größeren Makramee-Arbeit anwenden können. Um zufriedenstellende Ergebnisse zu erzielen, müssen wir dabei einige Gestaltungsprinzipien berücksichtigen.

Zunächst gilt es zu bedenken, daß jedes Material eine eigene Textur aufweist und daß in einem bestimmten Muster die Knüpftextur durch die Wahl des Materials jeweils anders ausfällt. Wir können uns dabei an folgende Regel halten:

Knüpfmuster	*Material-Textur*
einfaches Knüpfmuster	stark strukturierte Oberfläche, dominant (Hanf)
kompliziertes Knüpfmuster	wenig strukturierte, glatte Oberfläche (Nylon)

Je weicher und strukturierter das Material ist, desto undeutlicher wird die »Zeichnung« des Knüpfmusters (vor allem bei dunklen Farben), und je härter und glatter es ist, desto klarer tritt die Struktur des Musters hervor. Wir können entscheiden, ob wir das Gestaltungsmuster dominieren lassen wollen (wir nehmen dazu hartes Material) oder ob uns die natürliche, organische Textur des Materials wichtiger erscheint (indem wir z. B. Wolle nehmen). Beide Formen lassen sich in Kontrast zueinander bringen (vgl. Abb. 63–65):

1 Eine stark durchgestaltete und dicht geknüpfte Fläche verlangt nach einem Ausgleich in Form einer locker texturierten Fläche. Lockere Formen ergeben sich bei Gitter- und Netzbildungen.

2 Niedrigliegende Flächen (eine Flachknotenreihe) können durch reliefartige (eine Rippenknotenreihe) abgelöst werden.

3 Eckige Formen wie bei der Rautenbildung können mit Rundungen kontrastieren.

4 Bandformen oder Linien (Einzelfäden) können auf dichte Flächen stoßen.

Es empfiehlt sich, am Anfang mit festen, hellen Garnen und Kordeln und ohne Farb- und Materialwechsel zu arbeiten. Haben wir mehr Sicherheit im Umgang mit Knotentechnik und Musterbildung, können wir Materialien in unterschiedlicher Textur und Farbe einsetzen. Der Gürtel in Abbildung 67 wurde aus heller Nylonkordel und festem, dünnem Hanfgarn geknüpft. Obgleich von jedem Material 8 Fäden verarbeitet wurden, dominiert die Textur des Knüpfmusters der Nylonkordel:

Material	Aussehen	Knüpfmuster
Nylonkordel	wenig strukturierte Oberfläche, heller Farbton	klare Zeichnung, plastische Wirkung
Hanfgarn	stark strukturierte Oberfläche, dunkelblau	unklare Zeichnung, flächige Wirkung

Bei einem ähnlichen Beispiel (Abb. 68, Farbabb. 13) wurde eine Nylonkordel mit einer locker gedrehten faserigen Hanfkordel kombiniert. Die Oberflächenwirkung besteht in dem Kontrast zwischen dem seiden glänzenden und dem stumpfen Material. Die Farben sind abgestuft von Gelblich zu Hellbraun.

67 Makramee-Schmuck: Gürtel, 3,5 cm breit. Nylonkordel (gelblich), Hanfgarn (hellbraun)

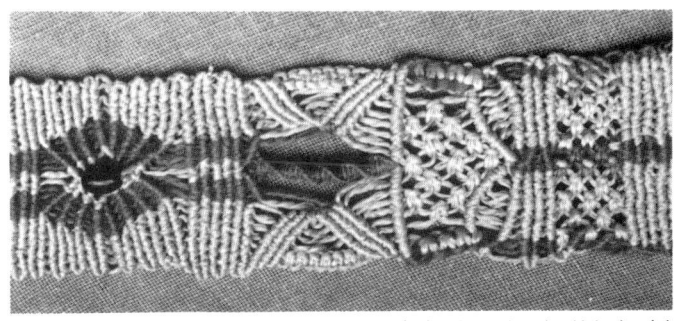

68 Makramee-Schmuck: Gürtel, 7 cm breit (vgl. Farbabb. 13). Nylonkordel, Hanfgarn. Außer den Farben ist die Oberflächenwirkung des Materials (seidenglänzend – matt) als Kontrast eingesetzt

Um Verarbeitungseigenschaften und Kontrastwirkungen einiger Materialien kennenzulernen, können wir ähnlich den Übungen zur Knoten- und Musterbildung kleine Arbeitsproben aus unterschiedlichen Materialien knüpfen (vgl. Abb. 69, 70). Bei einer Arbeitsprobe bestand das Knüpfmaterial in geglätteter Hanfkordel und in Sisalkordel. Es ist deutlich sichtbar, daß sich die Sisalkordel beim Knüpfen störrisch verhielt, hingegen die Hanfkordel weich und biegsam nachgab. Wegen dieser Sprödigkeit ist Sisal schwierig zu verarbeiten und ergibt undeutliche Knüpfmuster (Abb. 69).

Formale Gliederung

Beim Knüpfen eines Gegenstandes, der praktische Funktion haben soll (Handtasche), unterliegen Format, Textur und formale Gliederung einer Reihe von Einschränkungen. Wir werden daher am Anfang Gegenstände knüpfen, bei denen mit den gestalterischen Mitteln frei gespielt werden kann. Geeignet sind die Gegenstandsbereiche Wand- und Modeschmuck. Sie sind gestalterisch unbegrenzt differenzierbar und lassen sich unserem persönlichen Stil (Wohnraum, Kleidung) anpassen.

Der Entwurf für eine Knüpfarbeit besteht in der Grobplanung von Form und Material. Ein Motiv vorher aufzuskizzieren, würde uns der Möglichkeit berauben, gestaltend zu entwer-

70　Makramee: Knüpfversuch mit Flach- und Rippenknoten (Hanfkordel)

◁ 69　Makramee: Hanfkordel (naturfarben), Sisalkordel (braun). Das spröde Material (Sisal) verarbeitet sich anders als biegsames (Hanf)

fen. Wenn wir von einer ungefähren Vorstellung ausgehen und spontan knüpfen, können wir aus dem jeweiligen Knüpfabschnitt Gegenformen entwickeln. (Entsprechendes Vorgehen wurde in den Kapiteln *Weben* und *Sticken* vorgeschlagen.) Wir haben bei der Knüpfarbeit immer die Möglichkeit, weniger gut gelungene Partien, die »in eine Sackgasse führen«, wieder aufzuknüpfen oder zu kurz gewordene Fäden zu verlängern.

Bei der Planung der Gesamtform richtet sich die Anzahl der Fäden nach der Breite der Arbeit. Es ist sinnvoll, zur Fixierung der Fäden zunächst eine waagerechte Reihe Rippenknoten zu knüpfen. Wenn wir nach diesem Arbeitsschritt anfangen zu gestalten, hilft uns die folgende Überlegung weiter. Bei vielen Knüpfarbeiten zeigt sich, daß sie in einer Dreigliederung von Arbeitsabschnitten entwickelt wurden:

1 Der erste Teil dient der Hinführung auf das Zentrum (Einleitungsabschnitt).
2 Das Zentrum trägt den Gestaltungsschwerpunkt (Mittelabschnitt).
3 Der dritte Teil verarbeitet die in unterschiedlicher Länge übriggebliebenen Fäden und Stränge und faßt sie zusammen (Schlußabschnitt).

Bei Schmuckgegenständen wird ebenfalls auf ein Zentrum hin gestaltet (die vordere Seite), während der erste und der dritte Teil weniger differenziert gestaltet werden, weil sie zur rückwärtigen Seite führen. Diese Gliederung hilft über Anfangsschwierigkeiten hinweg und hilft vermeiden, daß bereits zu Beginn des Knüpfens alle gestalterischen Mittel eingesetzt werden. Wenn wir dagegen einfach anfangen, können wir uns zur Mitte hin steigern, aus bereits gestalteter Form entwickeln wir neue Vorstellungen (einen Kontrast oder eine Überleitung zu einer neuen Form).

Formale Gestaltungselemente

Beim Knüpfen ergeben sich, bedingt durch die Technik, bestimmte Formelemente. Die am häufigsten vorkommenden werden hier kurz beschrieben.

Linien Der unverknüpfte Faden zwischen zwei Knoten bildet eine einzelne Linie. Laufen mehrere Fäden nebeneinander parallel, so bilden sie ein lebendiges Gittermuster. Geflochten und parallel laufend (Josefin-Knoten) bilden sie flächenhafte Formen. Als Fransen verlaufen sie ineinander (Fadenbündel). Auch eine einzige Rippenknotenreihe kann als Linie eingesetzt werden.

Punkte Als Punkte wirken die einzelnen Knoten; besonders groß erscheinen sie, wenn ganze Fadenbündel abgeknotet werden. Ebenfalls setzen Effektmaterialien (z. B. Perlen) Punkt-Akzente.

Flächen Dichte Reihen von Rippenknoten ergeben eine strukturierte Fläche. Andere Flächenstrukturen ergeben sich bei dichten Überkreuzungen von Fäden. Auch die freibleibenden Zwischenräume können gezielt als flächiges Gestaltungselement eingesetzt werden. Mögliche Flächenformen sind: Quadrat, Rechteck, Raute, Dreieck und Rundformen.

Bänder Flache Bänder werden meist mit dem Flachknoten erzielt. Auch eine Folge von Josefin-Knoten oder ein geflochtener Zopf hat Bandwirkung. Plastische Wirkung erzielt die spiralförmige Flachknotenreihe.

Schlingen Schlingen können mit Hilfe des Weberknotens hergestellt werden und dienen ebenfalls als Gegensatz zur dichten Fläche.

Bündelungen Ein Strang Fäden wird abgebunden, wobei die Enden häufig zusätzlich ausgefranst werden, um quastartige Gebilde zu erhalten.

Farben Werden Fäden in unterschiedlichen Farben aufgehängt, so ergeben sich beim Knoten Zufallsornamente, da der einzelne Faden in seinem Verlauf nicht vorausberechenbar ist.

Plastizität Knüpfarbeiten lassen sich auch als plastische Gebilde anfertigen. Allerdings ist der Schwierigkeitsgrad höher als bei zweidimensionalen Gestaltungsformen und nur für den Fortgeschrittenen zu bewältigen. Gut geeignet ist dicke Hanfkordel (vgl. Farbtafel 15).

Anwendungsbereich Schmuck

Der ornamentale und dekorative Charakter der Knüpfarbeit eignet sich besonders für die Anfertigung von rustikalem Modeschmuck, Gürteln oder sonstigem schmückenden Kleiderzubehör. Die Variationsbreite der Knüpfmaterialien und passende Effektmaterialien ergeben viele individuelle Möglichkeiten.

71 Makramee-Schmuck: 1 Halsband, 2 cm breit. Hanfgarn (grün, blau) – 2 Halsband, 1,5 cm breit. Hanfgarn (naturfarben), grüne Holzperlen – 3 Halsband,
1,5 cm breit. Baumwollgarn (rosa), weiße Keramikperlen – 4 Halsband, 1,5 cm
breit. Hanfgarn (naturfarben), grüne Holzperlen

72 Makramee-Schmuck: 1 Gürtel, 4 cm breit – 2 Armband, 4 cm breit – 3 Halsband, 2 cm breit – 4 Halsband, 2,5 cm breit. Alle: Haftgarn (naturfarben), farbige Holzperlen (vgl. Farbabb. 14)

Die Halsbänder in Abbildung 71 werden eng am Hals getragen und wurden ohne großen Zeitaufwand mit Rippen- und Flachknoten geknüpft. Das Material besteht in dünner, fest gedrehter Hanfschnur. Die Verschlüsse sind mit Flachknoten gearbeitet, die Öffnungen der Ösen sind etwas kleiner als die Perlen am anderen Ende der Bänder, so daß beim Verschließen der Kette die Perle durch die Öse gedrückt werden kann.

Anordnung von Knüpfmustern und Perlen stehen mit dem Verschluß in Einklang. Zu dem Verschluß einige Anregungen: Die Trägerschnur kann auf einer Seite zu einer Schlaufe abgebunden und das andere Ende mit ihr verknotet werden. Statt Schlaufen können wir auch Häkchen einarbeiten, die aus Draht (Büroklammern) gebogen werden (vgl. Abb. 72). Bei Halsschmuck können wir auch eine einfache Drahthalsspange kaufen, die hinten am Hals ineinandergehakt wird. Oder wir verwenden einen Schnappverschluß, wie er bei käuflichen Ketten üblich ist.

Gürtel können einfach mit beiden Enden verknotet werden. Sie können beim Anfertigen an einen Metall- oder Holzring angehängt werden (vgl. Abb. 72/1). Beim Benutzen des Gürtels wird das andere Ende des Gürtels durch diesen Ring gezogen und verschlungen. Gekaufte Schnallen entsprechen weniger dem Charakter der handgeknüpften Arbeit. Neben Gürteln und Halsbändern lassen sich auch Armbänder, eventuell abgestimmt auf die übrigen Teile, knüpfen (vgl. Abb. 72/2, Farbabb. 14).

Die Färbe-Verfahren (Batik, Plangi)

Bei der Gestaltung textiler Flächengefüge mit Stoffarben unterscheiden wir nach den Verfahren, *wie* die Motive auf den Stoffgrund gebracht werden. Bei den *Positiv-Verfahren* füllt die Farbe das Motiv aus, bei den *Negativ-Verfahren* wird das Motiv ausgespart und bleibt als Negativ-Form in der Farbfläche stehen. Wir behandeln hier einige Formen des Negativ- oder *Reserve-Verfahrens* (lat. reservare = aufbewahren), deren bekannteste Form die Wachs-Batik ist (indon. ambatik = punktieren, stricheln, tüpfeln, zeichnen, schreiben). (Zum Positiv-Verfahren des Stoffdrucks vgl. das Kapitel *Die Stoffdruck-Verfahren*.)

Das Prinzip des Reserve-Verfahrens kann man an einem alltäglichen Vorgang verdeutlichen: Morgens verlassen einige am Straßenrand geparkte Autos ihre Parklücken. Es hat in der Nacht zuvor geregnet, und die Straße ist noch naß. Nur an den Stellen, wo die Autos standen, ist die Straße trocken, und es zeichnen sich helle Formen in der Größe der Autos ab. Hätte es in der Nacht grüne Farbe geregnet, so würden die Autos auf dem Asphalt eine Reihe von unterschiedlichen rechteckigen Formen in der Farbe des Asphalts innerhalb einer gleichmäßigen grünen Fläche hinterlassen.

Beim Herstellen einer *Wachs-Batik* werden Formen, Punkte und Linien ausgespart, indem heißes, flüssiges Wachs auf die Stofffläche aufgetragen wird. Das Wachs durchdringt das Gewebe. Beim Eintauchen des Stoffes in ein Färbebad (Färbevor-

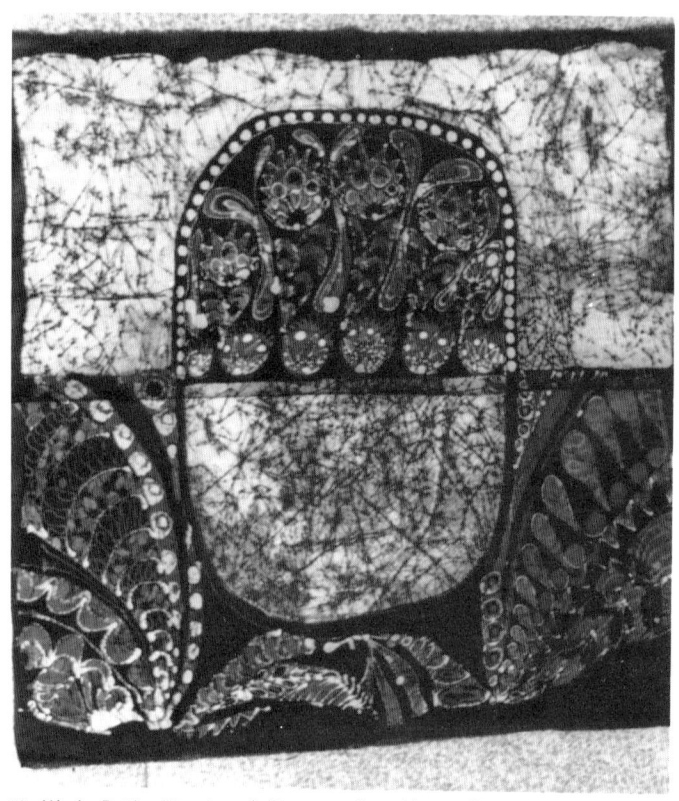

73 Wachs-Batik: Pinsel und Tjanting. Den Negativ-Formen wurden Positiv-
Formen gegenübergestellt, 50 x 50 cm

gang) dringt die flüssige Farbe von allen Seiten in das Gewebe
ein. Wo das flüssige Wachs den Stoff so verklebt hat, daß die
Farbe nicht zwischen den Fasern des Gewebes eindringen kann,
bleiben ungefärbte Stellen. Dort schützt das Wachs den Stoff
gegen die eindringende Farbe. Es bilden sich Negativ-Formen
(vgl. Abb. 73).

Ein typischer Anfangsfehler: Das Wachs dringt unzureichend
ein, erkennbar daran, daß das mit Wachs gezeichnete Motiv auf
der Rückseite des Stoffs nicht oder nur unvollkommen sichtbar

ist. In diesem Fall geht das Motiv ganz oder teilweise verloren, da von unten die Farbe auch an Stellen dringen konnte, die von oben mit Wachs abgedeckt waren. Die Farbe dringt von unten gegen die obere Wachsschicht.

Das Prinzip des Reserve-Verfahrens ist es zu erreichen, daß Farbe an bestimmten Stellen *nicht* in das Gewebe eindringt. Das läßt sich auch mit anderen Mitteln erreichen.

Bei der mit *Plangi* (auch: Binde-Batik) bezeichneten Technik wird der Stoff an bestimmten Stellen zusammengerafft oder gefaltet und fest abgebunden. Dann wird er ins Färbebad gesteckt. Muster und Strukturen werden von der Technik des Abbindens bestimmt; motivische Differenzierungen sind nur begrenzt möglich (vgl. Abb. 74).

74 Plangi (Binde-Batik): Das Muster wurde durch Falten und Plissieren des Gewebes erzielt

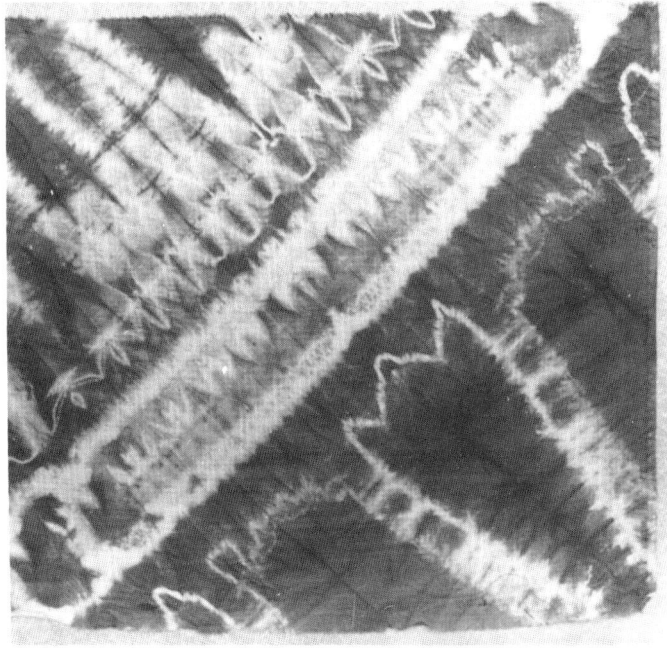

Eine weitere Variation ist die *Tritik*-Technik, das Abnähen und Kräuseln bestimmter Stoffpartien.

Bei der *Ikat*-Technik wird statt eines Gewebes Garn o. a. Fadenmaterial bündel- und partienweise abgebunden und gefärbt. Aus den Fäden wird das Gewebe hergestellt. Ähnliche Wirkungen werden erzielt, wenn bei leinwandbindigem Gewebe Fäden von Kette oder Schuß in Partien ausgezogen und das dabei entstehende Gitterraster durch Abbinden (Umwickeln mit den ausgezogenen Fäden) reserviert wird. Die beiden letzten Techniken werden in diesem Kapitel nicht behandelt.

Die Wachs-Batik

Material, Werkzeug, Hilfsmittel

Raum Das Batiken bedarf einer gewissen organisatorischen Vorbereitung. Am Anfang der Planung sollte die Raumfrage stehen. Wir benötigen einen Raum, der Farbspritzer verträgt, ein Waschbecken in der Nähe aufweist, Stromanschluß hat und ausreichend Platz zum Arbeiten bietet. Im Sommer kann das ein Kellerraum oder die Terrasse (Balkon) sein, im Winter muß notfalls die Küche herhalten. Wird zu mehreren in einer Gruppe gebatikt, läßt sich sicher auch die Raumfrage leichter lösen.

Stoff Zum Üben reichen Stücke aus einem alten Bettuch, das nicht zu dick ist. Bei dicken Geweben dringt das Wachs nicht genügend ein. Das geeignetste Batik-Material ist möglichst dünnes, feinporiges und glattes Gewebe, das synthetikfrei ist und keine Appretur mehr aufweist (den gekauften Stoff kurz in kochendes Wasser stecken, außer Seide). Als Grundfarbe empfehlen sich Weiß und naturfarbene Töne. Geeignete Materialien sind: Baumwolle-Nessel, Batist, feine Leinengewebe und Seide.

Farben Textilfarben zum Färben gibt es in verschiedenen Marken und in zahlreichen Farbtönen in Drogerien und Bastelläden. Die Gebrauchsanweisungen sind unterschiedlich. Wichtig ist, daß die Farben licht- und waschecht sind. Für den Anfang kommen wir mit einigen wenigen Farben aus: Gelb, Blau, Rot, Schwarz.

Wachs Es gibt eine Reihe von Wachssorten, die – mit Ausnahme des käuflichen Batik-Wachses – für den Auftrag ungeeignet sind. Sie

1 Bestickte Flächenapplikation: Quadrate aus blauem Filz wurden mit verschiedenen Stickstichen auf grünem Filzgrund befestigt. Die entstandenen Negativ-Formen wurden mit weiteren Stichen ausgeschmückt

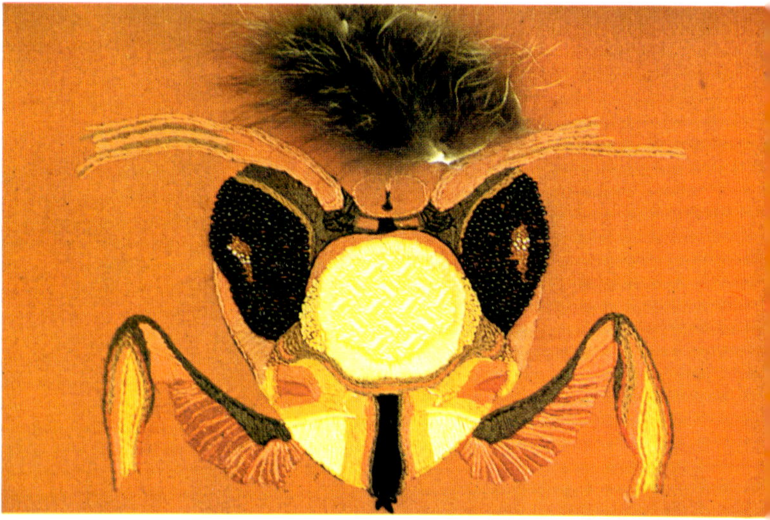

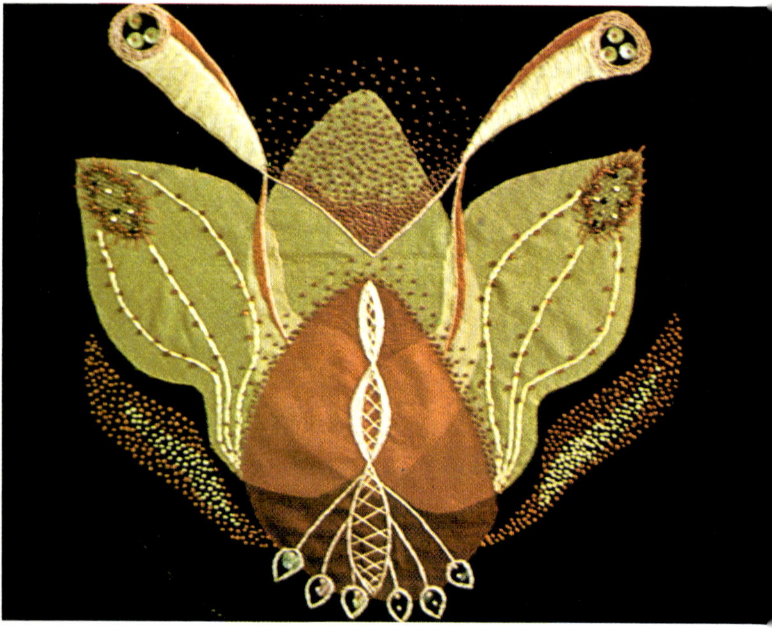

4 Handpuppe »Alte Dame«: Das Gesicht wurde aus einem über ein Papp-Ei gestreiften Stretchstrumpf geformt

◁ 2 Bestickte Flächenapplikation: Die großen Netzaugen einer stilisierten Biene wurden mit schwarzen Perlen, die Härchen mit einem Stück Fell übersetzt

◁ 3 Bestickte Flächenapplikation: Ornamentale Gestaltung eines floralen Motivs. Durch Überlappung transparenter Gewebeteile (Organza) wurden weitere Tonstufungen erzielt

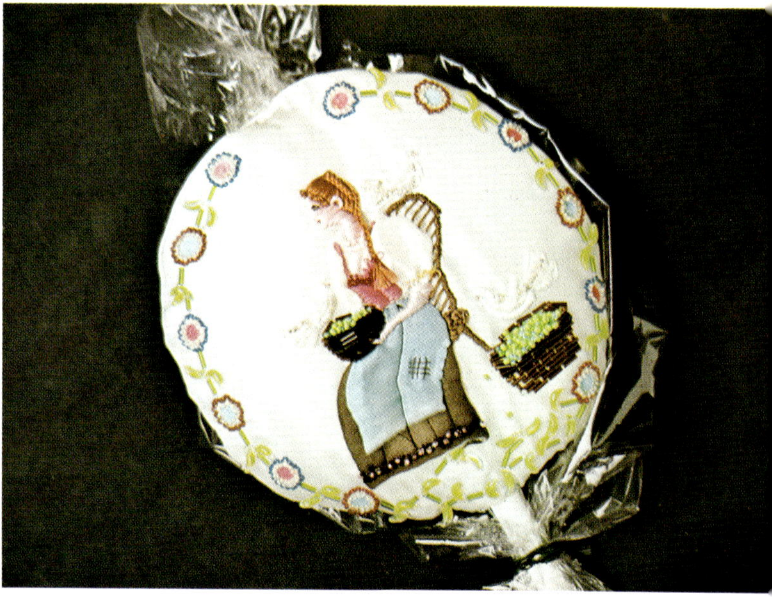

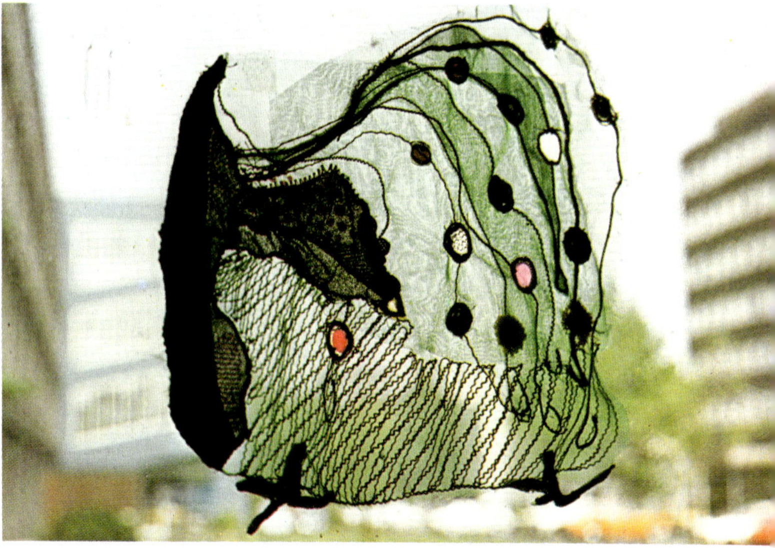

7 Flächenapplikation, verbunden mit Sticken, Häkeln und Flechten: Zierkissen, figürlich-ornamental ausgestaltet

◁ 5 Bestickte Flächenapplikation »Lutscher«: Seide, Stickgarne, Glasperlen

◁ 6 Stilisierter Vogel aus transparenten Materialien (Organza, Tüll)

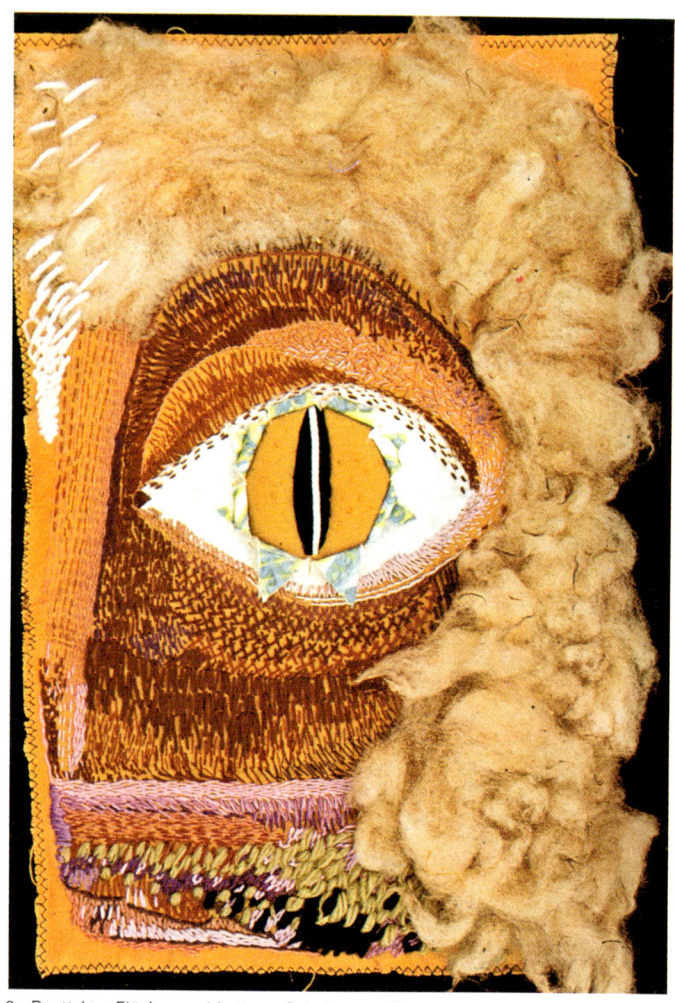

8 Bestickte Flächenapplikation »Schafauge«: Batist, ungesponnene Schafwolle, Stick- und Wollgarn auf Leinengewebe, 45 x 35 cm

9 Bestickte Flächenapplikation »Artischocke« (vgl. Abb. 15, 16): Honanseide ▷ auf Leinengewebe, Baumwollgarn, Kunstseidegarn, Perlen, 25 x 25 cm

10 Rundgewebe mit offenem Mittelteil: Die ornamentale Form ergab sich ▷ aus der Aufspannung der Kettfäden

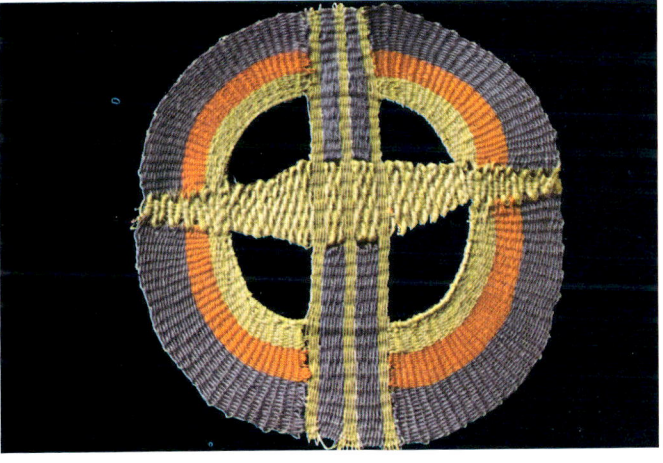

12 Weben in Kelim-Technik: Wandbehang »Orientalische Stadt«, 120 x 100 cm

◁ 11 Freies Weben: Wandbehang, 120 x 60 cm. Jute, Hanf und Wolle. In »offener
Webweise« wurden Partien der Kettfäden nicht mit Schußfäden gefüllt

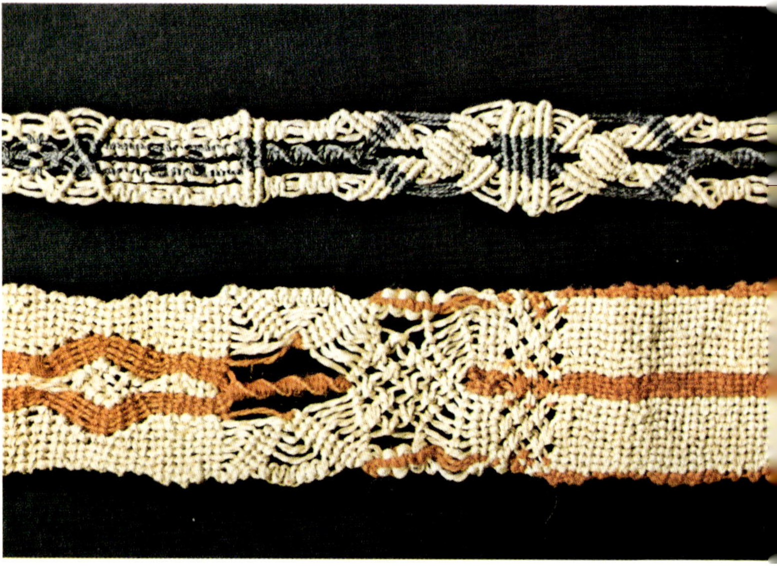

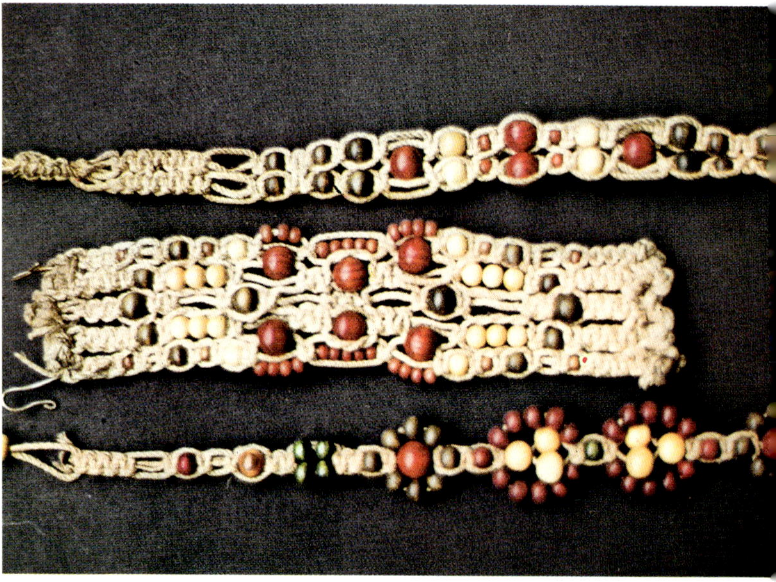

15 Makramee: Plastisch gearbeiteter Wandschmuck, 200 cm hoch. Hanfkordel (naturfarben)

◁ 13 Makramee-Schmuck: Gürtel, 3,5 cm und 7 cm breit (vgl. Abb. 68). Nylonkordel und Hanfgarn

◁ 14 Makramee-Schmuck: Halsbänder und Armband, 2 cm und 4 cm breit (vgl. Abb. 72). Hanfgarn (naturfarben) und Holzperlen

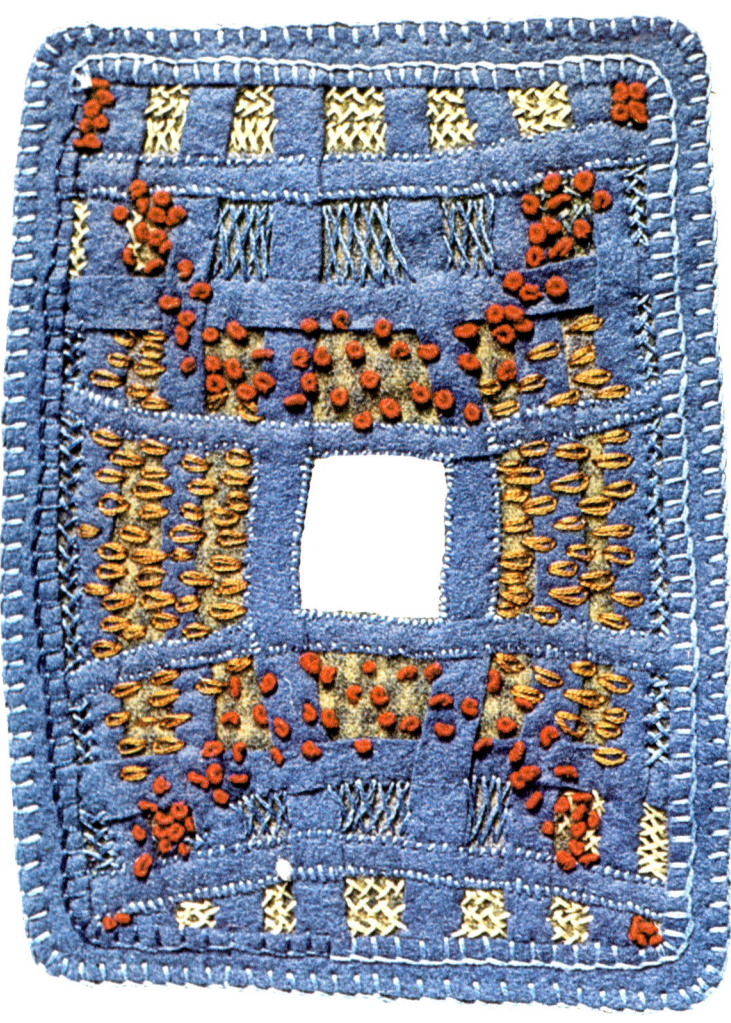

16 Bestickte Flächenapplikation: Die durch Überkreuzung von Filzstreifen entstandenen Negativ-Formen wurden mit Stickstichen ausgestaltet, 20 x 15 cm

17 Wachs-Batik: Ornamentale Ausgestaltung eines Kleidungsstücks

18 Applikation: Spieltier »Sechsfüßler«   ▷

19 Kordelmaske »Teufel«: Die typisch »teuflischen« Merkmale wurden betont. ▷
    Sisalkordel, mit Weißleim verstärkt, Durchmesser: 35 cm

21 Sitzpuppe »König« (Faden- und Flächenapplikation): Sie wurde aus einer dreieckigen Kissenform entwickelt; dargestellt werden sollte das Prunkvolle der Gewänder und das Herrschergebaren

◁ 20 Fadenmarionette »Gewichtheber«, 75 cm hoch: Das Charakteristische des »Kraftprotzes« wurde herausgearbeitet

werden erst in einem bestimmten Mischungsverhältnis gut verarbeitbar. Wir mischen Bienenwachs und Paraffin im Verhältnis 2:1. Kerzenwachs (Stearin) wird zu brüchig und muß ebenfalls mit dem zähen Bienenwachs vermischt werden. Häufig liegen die Schwierigkeiten beim Auftragen des Wachses nicht in der Mischung, sondern in zu niedriger Raumtemperatur, im noch feuchten Stoff, in zu kurzen Pinselhaaren oder in zu großem Abstand zwischen Wachsbehälter und Arbeitsstelle.

Beim Arbeiten mit dem Tjanting-Kännchen ist das zähe und geschmeidige Bienenwachs am geeignetsten, weil es eine feine Zeichnung ermöglicht.

Pinsel und Tjanting Wir benötigen einen schmalen und einen breiten Borstenpinsel (keinen Haarpinsel). Der breite Pinsel dient zum Abdecken größerer Flächen. Bei feineren Linien kann auch mit der Längsseite des breiten Pinsels gezeichnet werden.

Tjanting ist ein Batik-Kännchen, in das das Wachs eingefüllt wird und mit dem gleichmäßig zarte Linien gezogen werden können (vgl. Abb. 75, 76).

Rahmen Für das Aufspannen des Gewebegrundes gibt es käufliche Batik-Rahmen, die in der Größe verstellbar sind. Ein selbst zusammengenagelter Lattenrahmen oder ein alter Bilderrahmen reichen aus, wenn die Batik nicht größer als der Rahmen werden soll. Weniger günstig sind Tabletts oder Schubladen mit Boden, da beim Wachsauftrag nicht kontrolliert werden kann, ob das Wachs bis zur Unterseite des Gewebes durchgedrungen ist. Auf keinen Fall darf der Stoff beim Malen aufliegen, da das Wachs mit der darunterliegenden Fläche verkleben würde.

Behälter Wir benötigen eine ganze Batterie von Behältern:
1 Zunächst brauchen wir einen Metalltopf (Konservendose) oder ein Einweckglas zum Schmelzen des Wachses. Diesen Behälter stellen wir in ein heißes Wasserbad (Stieltopf auf Kochplatte). Das Wachs bleibt so länger und gleichmäßig heiß und wird nicht überhitzt. Von Zeit zu Zeit muß der Wasserbehälter nachgefüllt werden, damit Wasser- und Wachsspiegel auf einer Höhe bleiben.
2 Große Plastikschüsseln und -eimer eignen sich gut für das Färben, da die Farbe in ihnen nicht haften bleibt.
3 Einweckgläser oder leere Saftflaschen eignen sich für die Aufbewahrung der benutzten Farbbäder.

Kochplatte Sie muß beim Wachsauftrag in Reichweite sein, da ein längerer Weg des Pinsels das Wachs zu früh erkalten lassen würde. Sie wird außer zum Erhitzen des Wachses zum Wasserkochen beim Ansetzen der Farbe benötigt. Bei Arbeiten in der Gruppe sollten entsprechend mehr Kochplatten verwendet werden; in der Küche reicht natürlich der Elektroherd.

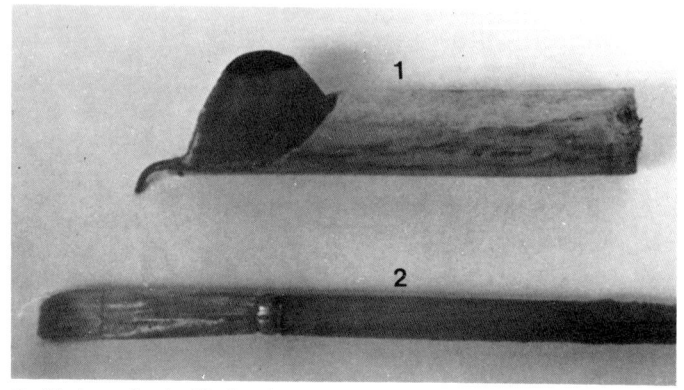

75 Werkzeug für den Wachsauftrag: 1 Tjanting-Kännchen – 2 Borstenpinsel

76 Wachs-Batik: Wachsauftrag mit dem Tjanting-Kännchen

Bügeleisen Es wird zum Ausbügeln des Wachses gebraucht.

Zeitungspapier Für das Ausbügeln benötigen wir stark saugendes Zeitungspapier. In keinem Fall dürfen neuere Ausgaben verwendet werden, da die Druckerschwärze auf der Batik abfärbt.

Sonstiges Zum Umrühren der Farbe und des Färbegutes werden Holz- oder Plastiklöffel benötigt. Zum Schutz der Hände beim Färben dienen dünne Gummihandschuhe. Wir benötigen eine Stelle zum Abtropfenlassen und Trocknen der gebatikten Stoffe.

Vorgehen

Wachsauftrag

Das Gewebe wird straff auf den Rahmen gespannt. (Wenn es durchhängt, erhalten wir krumme Linien.) Die Temperatur des Wachses, das – wie beschrieben – im heißen Wasserbad flüssig gemacht wurde, sollte während des Arbeitens nicht unter ca. 50 Grad sinken. Das Auftragen des Wachses kann zum Ärgernis werden, wenn die Temperatur zu hoch oder zu niedrig ist. Die richtige Temperatur ist erreicht, wenn beim Ausprobieren das Wachs »glasig« den Stoff durchdringt (Rückseite prüfen!). Erhalten wir dagegen eine milchig-weiße Schicht auf der Stoffoberfläche, so ist das Wachs noch nicht ausreichend heiß. Es muß zügig gearbeitet werden, ein Problem nur für die Zögerer. Das gilt vor allem für die Arbeit mit dem Borstenpinsel (vgl. Abb. 77).

Mit dem Tjanting-Kännchen zu arbeiten, erfordert Geschicklichkeit und einige Übung. Das Kännchen wird in das flüssige Wachs eingetaucht und gefüllt. Um Linien zu »zeichnen«, halten wir es waagerecht und führen es leicht über den Gewebegrund. Das gleichmäßige, ruhige Führen sollte an einem Probelappen geübt werden. Tropfen und Verdickungen der Linie sind kaum zu vermeiden, sie können in die Gestaltung mit einbezogen werden. Beim Arbeiten halten wir ein Papier-Taschentuch bereit, um das heraustropfende Wachs abzufangen oder das Wachs abzuwischen, das sich am Kännchen angesammelt hat. Wenn das Ausflußröhrchen verstopft ist, Kännchen in das heiße Wachs halten und anschließend das Röhrchen durchstoßen.

77 Wachs-Batik: Wachsauftrag mit breitem Borstenpinsel

Färben

Nachdem die Farbe der Gebrauchsanweisung entsprechend angesetzt worden ist, wird die Batik leicht zusammengelegt und in die Färbewanne gesteckt. Wir machen vorher eine Wärmeprobe mit dem Finger: Ist die Farblösung noch sehr heiß, muß sie bis auf ca. 30 Grad abgekühlt werden, sonst würde die Wachsschicht der Batik schmelzen. Um bestimmte Tonwerte, hohe Farbintensität und gleichmäßige Färbung zu erzielen, sind einige Punkte zu beachten:

1 Tuch vor dem Färben kurz in lauwarmes Wasser legen und anschließend abtropfen lassen.

2 Dabei das Tuch möglichst flach in das Färbebad legen und bei längerem Färben mehrmals wenden.

3 Das auf der Packung angegebene Verhältnis von Batik-Farbe und Stoffmenge läßt sich beim Batiken selten korrekt einhalten. Die Intensität der Farblösung, die Temperatur des Färbebades, die Färbedauer und die Gewebeart beeinflussen das Ergebnis. Deshalb können wir den Farbton nur ungefähr berechnen.

Durch Eintauchen in verschiedene Farbbäder können Mischtöne erzielt werden. Dazu probieren wir vorher mit einem kleinen Läppchen die Farbmischung aus. Um die Farbe beurteilen zu können, muß das Probeläppchen mit Föhn oder Ventilator oder auf der Heizung getrocknet werden: Die Farbe trocknet heller auf.

Nach dem Färben wird die Batik in lauwarmem Wasser ausgespült und anschließend getrocknet. Wir können das Trocknen beschleunigen, wenn wir die Batik kurz zwischen einen Packen Zeitungspapier legen oder mit dem auf »Kalt« eingestellten Föhn nachhelfen.

Wachs-Entfernung

Die Arbeitsgänge des Wachsauftrags, des Färbens und des Trocknens wiederholen sich bei jeder neu hinzukommenden Farbe. Erst nach dem letzten Färbebad wird die Wachsschicht entfernt, die inzwischen das Tuch bedeckt. Wir legen das Tuch zwischen alte (!) Zeitungen, stellen das Bügeleisen auf den Hitzegrad des Gewebes ein und bügeln über die Zeitungen. Sind die Zeitungen mit Wachs durchtränkt, wechseln wir sie gegen andere aus. Um die Flächen herum, in die das Wachs eingedrungen war, bleiben dunklere Partien zurück. Diese »Fetthöfe« lassen die darunterliegende Farbe dunkler erscheinen und bereichern die Farbskala der Batik.

Soll die Batik für Kleidungsstücke verwendet werden, empfiehlt es sich, das Gewebe mit Waschbenzin zu behandeln oder in die chemische Reinigung zu geben. Die restlichen Wachs- und Fettspuren werden getilgt, und der Stoff wird wieder schmiegsam.

Schneller ausbügeln läßt sich das Wachs, wenn die Batik auf Zeitungspapier gelegt und direkt auf der Batik gebügelt wird, wobei das Wachs mit dem Bügeleisen zur Seite geschoben wird. Der Nachteil besteht in der größeren Geruchsentwicklung. Besonders dicker Wachsauftrag kann vorher mit einem Messer abgehoben werden.

Entfernung von Fehlern

Wachstropfen oder versehentlich aufgemalte Partien können nicht ohne weiteres vertuscht werden. Die einfachste Methode ist, sie in die Gestaltung mit einzubeziehen. Bei kleineren Spritzern reibt man das Gewebe an dieser Stelle, so daß das Wachs herausbröckelt. Bei größeren Partien muß versucht werden, mit der Spitze des Bügeleisens in der oben beschriebenen Methode das Wachs herauszubügeln. Allerdings bleibt immer ein Rest Wachs im Gewebe, und die Stelle erscheint nach dem Färben etwas heller.

Aufbewahrung der Farbbäder

Die benutzte Farbe kann lange aufbewahrt werden. Sie wird am besten in verschließbaren Gläsern, z. B. Saftflaschen mit Schraubverschluß, kühl und dunkel abgestellt. Auf diese Weise sammelt sich nach mehreren Batik-Abenden eine größere Farb-»Flotte« an. Stark verbrauchte Farbe kann durch Zugabe einer neuen Farblösung wieder aufgefrischt werden. Durch häufiges Wechseln der Tücher von einem Farbbad in das andere kann eine Farbe aber so verschmutzt sein, daß sich ein Aufbewahren nicht mehr lohnt (vor allem beim Wechsel von Dunkel zu Hell). Wollen wir die Farbe wieder verwenden, so erwärmen wir die Farblösung bis auf ca. 30 Grad, indem wir den Behälter (Saftflasche) in ein heißes Wasserbad stellen.

Entwurf

Wir lassen hier unberücksichtigt, ob die Batik für ein Kleidungsstück oder einen anderen zweckgerichteten Gegenstand verwendet werden soll. Die Batik-Technik kann besser geübt werden,
wenn wir frei gestaltend vorgehen.

Die Bild-Idee für eine Batik kann nicht in einer genauen
Zeichnung festgelegt werden. Die Batik-Technik ergibt ein
völlig anderes Bild als z. B. eine Bleistift-Zeichnung oder ein
farbig angelegtes Motiv. Haben wir dagegen bereits Erfahrung
im Umgang mit dieser bildnerischen Technik, fällt es uns leichter, eine Vorstellung so zu Papier zu bringen, daß sie in die
Batik-Technik umgesetzt werden kann. Wir müssen also lernen,
Batik-Entwürfe anzufertigen. Um die Motive so zu sehen, daß
sie dem spezifischen Charakter der Batik entsprechen, müssen
wir die Gestaltungsmöglichkeiten und die besonderen grafischen
Reize dieser Technik kennen, um sie gezielt einsetzen zu können.

Wir sollten uns davor hüten, mit zu vielen und zu kompli-
zierten Formen und Farbzusammenstellungen zu beginnen.
Allzuleicht stellen sich Mißerfolge ein.

Wir fangen mit einem einfachen und großzügigen Motiv als
Grundentwurf an. Beim Wachsauftrag können wir das Motiv
bereichern; die Batik-Technik tut das ihre dazu, aus dem
simplen Motiv ein grafisch reizvolles Ergebnis zu schaffen.

Beim Batik-Entwurf ist Art des Materials sowie die Maltechnik mit einzuplanen. Material und Technik bedingen sich
gegenseitig: Wenn wir ein Motiv in feiner Zeichnung auftragen
(mit dünnem Pinsel oder dem Tjanting), werden wir glatten
Batist bzw. Seide als Gewebegrund vorziehen. Bei flächigen
Motiven und groben Strukturen (Auftrag mit Borstenpinsel)
werden wir Nessel oder feine Leinengewebe bevorzugen.

Das Arbeiten mit Pinsel und Tjanting kann auch kombiniert
werden. Wir können Umrißlinien zeichnen (Tjanting) und die
Innenflächen ausfüllen (Pinsel) (vgl. Abb. 78, 82).

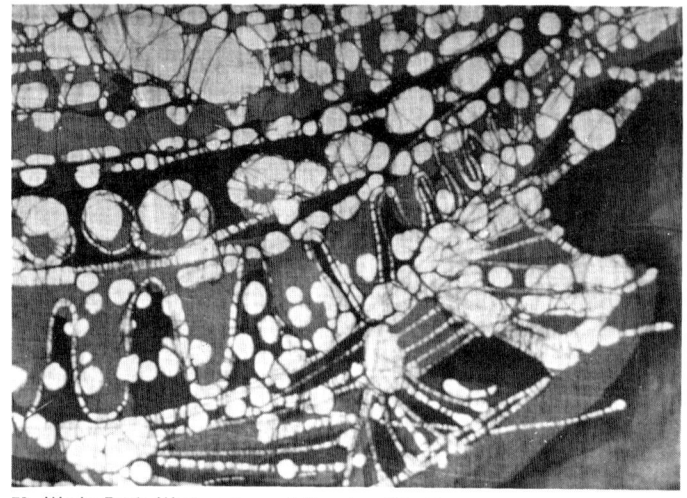

78 Wachs-Batik: Wachsauftrag mit Pinsel und Tjanting

Krakelüren

Wenn wir nach dem Erkalten des Wachses die Batik leicht knicken und knautschen, bevor wir sie in das Färbebad tauchen, dringt Farbe in die Wachssprünge ein. Das Ergebnis sind die für die Batik typischen Adern bzw. Krakelüren. Sie sind kaum zu vermeiden und werden daher gezielt als Gestaltungselement einbezogen:

1 Verschiedenfarbige Krakelüren erhalten wir, wenn nach Knautschen und Färben vor dem nächsten Farbgang die Adern mit Wachs wieder abgedeckt werden.
2 Flächen, die frei von Krakelüren bleiben sollen, decken wir bereits nach dem Knautschen nochmals mit Wachs ab.
3 Wünschen wir viele Krakelüren, so knautschen wir das Tuch vor dem letzten Färbebad besonders stark.
4 Wir können es auch dem Zufall überlassen, wie viele Äderchen und in welchen Partien sie erscheinen, da durch die vielen Arbeitsgänge das Wachs automatisch ständig neue Sprünge erhält.

Farben

Bei zwei- und mehrfarbigen Batiken wiederholt sich der Arbeitsprozeß für jede zusätzliche Farbe. Im additiven Verfahren mischt sich die neu hinzukommende Farbe mit der Farbe, die bereits die Batik bedeckt, wohingegen die noch mit Wachs abgedeckte Farbpartie in dem vorhergehenden Farbton erhalten bleibt.

Auf die Variationsbreite der Farbtonabstufungen war im Absatz *Färben* bereits hingewiesen worden. Hinzu kommen jetzt Erfahrungen mit den Farbmischungen.

Aus der Farbenlehre wissen wir, daß je zwei Grundfarben eine Mischfarbe ergeben:

Gelb + Blau = Grün
Gelb + Rot = Orange
Rot + Blau = Violett

Legen wir einen gelb eingefärbten Stoff in ein blaues Färbebad, so erhalten wir als Ergebnis die Mischfarbe Grün. Beim Mischen von Farbsubstanzen kommt es immer auf das Verhältnis der Farbanteile an. Wir können die Mischung beeinflussen, wenn wir mit Gelb und Blau ein Gelbgrün oder ein Grünblau erzielen wollen, je nachdem, von welcher Farbe wir einen größeren Anteil nehmen. Dies entspricht der Färbedauer beim Färben: Lassen wir den gelben Stoff nur ganz kurz im blauen Färbebad, erhalten wir ein Gelbgrün, bei längerer Färbedauer dagegen ein Blaugrün. Da neben der Färbedauer natürlich auch die Intensität der Farblösung und die Temperatur des Färbebades eine Rolle spielen, die nie genau einkalkulierbar sind, wird das Farbergebnis unserer Absicht nur annähernd entsprechen. Ähnlich wie bei der Zeichnung des Entwurfs kann eine Farbskizze die Farben nur ungefähr andeuten.

Eine weitere Variante beim Mischen von zwei Grundfarben ergibt sich aus den unterschiedlichen Farbnuancen: Rot gibt es z. B. als Rubinrot, Scharlachrot, Brillantrot u. a. Das Mischen dieser »Grundfarben« ergibt entsprechend andere Ergebnisse:

(Scharlach-)Rot + (Brillant-)Blau = Braun

Bei der dritten und weiteren Färbungen sind die Farben erst recht nicht vorausberechenbar. Da jeder neu hinzukommende

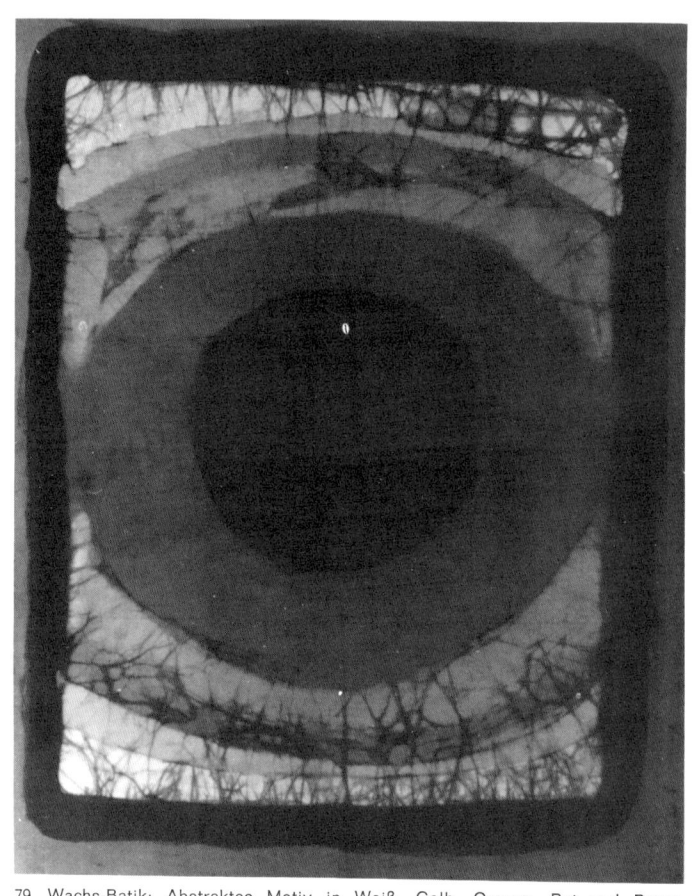

79 Wachs-Batik: Abstraktes Motiv in Weiß, Gelb, Orange, Rot und Braun (vgl. Abb. 80)

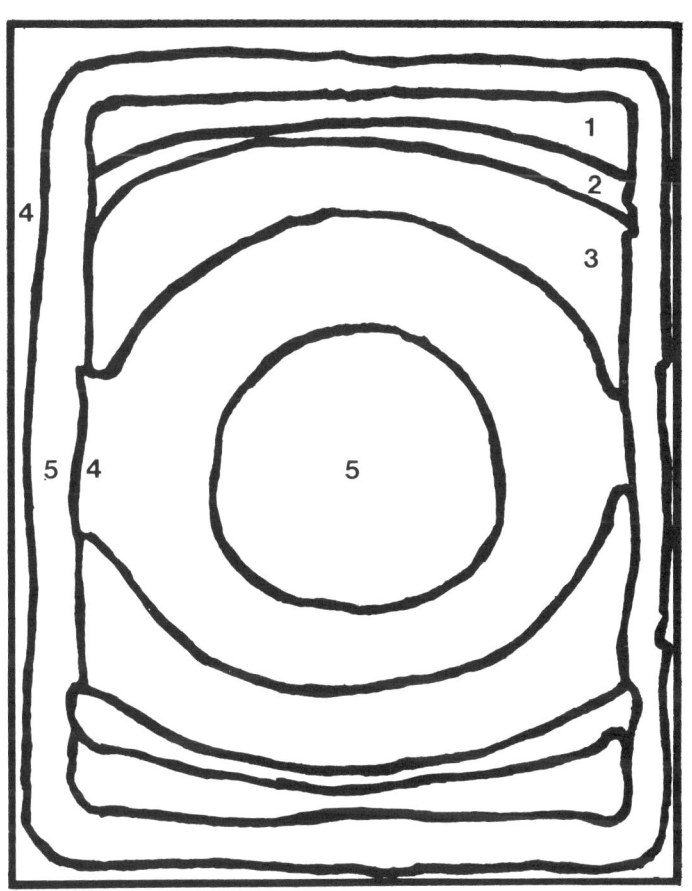

80 Arbeitsbeispiel einer Mehrfarben-Batik (vgl. Abb. 79)
Die Arbeitsgänge:

	Abdeckung	Färbebad	Ergebnis
1.	1	gelb	1 weiß + 2 gelb
2.	+ 2	rot (kurz)	+ 3 orange
3.	+ 3	rot (lang)	+ 4 rot
4.	+ 4	blau	+ 5 braun

Farbton sich mit den vorhandenen Farben mischt, bildet er mit diesen eine harmonische Einheit. Es empfiehlt sich daher, bei Farben zu bleiben, die eine »Farbfamilie« bilden, d. h. Farbzusammenstellungen in verschiedenen Abstufungen und Nuancen, z. B.:

Weiß – Gelb – Orange – Rot – Braun
Weiß – Gelb – Grün – Türkisblau – Blau
Weiß – Türkis – Rosa – Violett

Sind wir nach einem Färbegang noch nicht zufrieden mit der Intensität oder dem Ton der Farbe, so können wir nachfärben, indem die Batik erneut in dasselbe oder in ein anderes Färbebad gesteckt wird.

Grundsätzlich wird mit den hellsten Tönen (Gelb) begonnen, das letzte Farbbad gibt den dunkelsten Ton (Braun oder Schwarz).

Es ist sinnvoll, die Farberfahrungen zu sammeln und Listen mit Farbmischungen und deren Ergebnissen zusammenzustellen. Auch eingefärbte Stoffproben mit Beschriftung helfen bei weiteren Batik-Arbeiten, Zeit und Experimente zu sparen.

Arbeitsbeispiel einer Mehrfarben-Batik
Die Färbetechnik der Mehrfarben-Batik soll an einem formal einfachen Motiv nochmals zusammenfassend verdeutlicht werden (vgl. Abb. 79, 80). Die Skizze zeigt die Felder, die in der Reihenfolge der angegebenen Zahlen mit Wachs abgedeckt wurden. Es ist gut zu erkennen, daß die Felder 1–3 bei den Arbeitsgängen am stärksten strapaziert wurden und daher die meisten Krakelüren aufweisen. Feld 5 erhielt dagegen bis zum Schluß keinen Wachsauftrag und kann daher auch keine Krakelüren aufweisen.

Es wurden die Grundfarben Gelb, Rot und Blau verwendet. In vier Färbegängen wurde das Ergebnis in den Farben Weiß, Gelb, Orange, Rot und Braun erzielt, die zusammen eine Farbfamilie bilden.

Übungen

Die bisherigen Ausführungen lassen erkennen, daß das Batiken keine Technik ist, die nach »Gebrauchsanweisung« gehandhabt werden kann. Auch wenn wir mit dem technischen »Gewußt wie« vertraut sind, kann dennoch manches mißlingen. Wir können die Qualität unserer Batiken auf Dauer und im Verlauf des

Arbeitens steigern; allzu großer Ehrgeiz am Anfang verkehrt sich meist in die gegenteilige Wirkung. Es ist daher ratsam, in kleinen Schritten zu üben, in formaler wie auch in farblicher Hinsicht. In diesem Sinne werden die folgenden Übungen empfohlen, die jeder für sich abwandeln oder ergänzen kann:

Übung 1 Mit einem ca. 1 cm breiten Borstenpinsel tragen wir ein lineares Motiv auf (vgl. Abb. 77). Die Pinselstriche sollen als solche erkennbar sein, sie können unregelmäßig und am Anfang und Ende ausgefranst wirken. Für dünnere Striche benutzen wir die Seitenkante des Pinsels.

Übung 2 Wir gestalten ein Ornament auf der Grundfläche, indem wir frei aus der Hand improvisieren. Gut geeignet sind Motive aus floralen Formen (vgl. Abb. 77) oder der sogenannte »Lebensbaum«.

81 Wachs-Batik: Eine Fläche wurde in Quadrate unterteilt, die einzelnen Felder mit dem Pinsel aus der Hand ornamental gestaltet

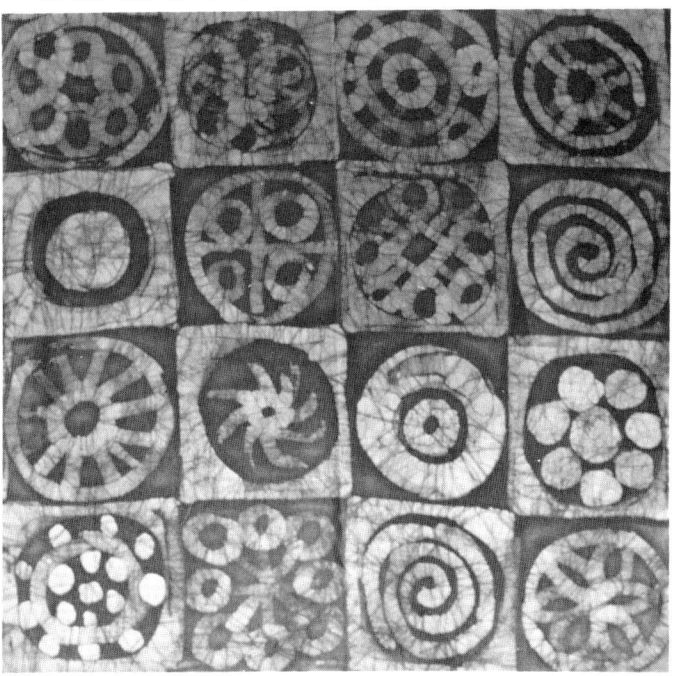

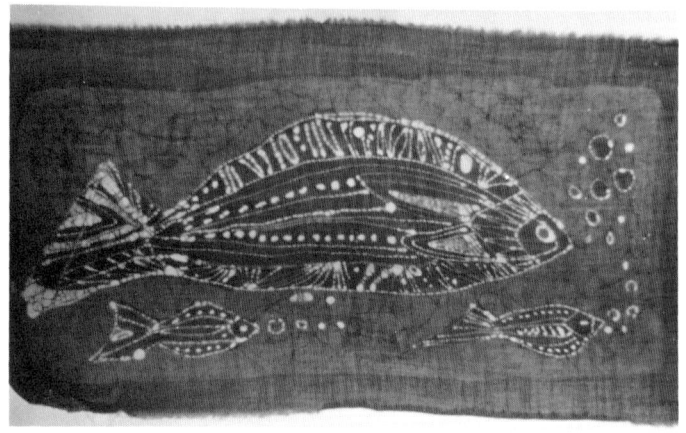

82 Wachs-Batik: »Fisch«. Pinsel und Tjanting

Übung 3 Wir teilen die Grundfläche auf in eine Negativ- und eine Positiv-Fläche. Jede Teilfläche gestalten wir dekorativ aus durch Punkte, Linien und Formen (vgl. Abb. 73).

Übung 4 Die Grundfläche wird in gleich große Quadrate geteilt. Jedes Feld soll ornamental mit einfachen formalen Elementen ausgestaltet werden (vgl. Abb. 81).

Übung 5 Wir arbeiten mit dem Tjanting und dem Pinsel. Zunächst zeichnen wir mit dem Tjanting Konturen eines Motivs. Nach dem ersten Färbegang füllen wir die Räume innerhalb der Konturen flächig mit dem Pinsel aus (vgl. Abb. 82).

Übung 6 Wir entwickeln ein florales Motiv, bei dem die Krakelüren den charakteristischen Merkmalen der Naturformen entsprechen (Distel, Sonnenblume u. a.).

Übung 7 Wir kombinieren zwei Farben, indem wir sie sich in einzelnen Partien überschneiden lassen, so daß eine Mischfarbe entsteht.

Plangi (Binde-Batik)

Material und Hilfsmittel

Plangi ist ebenfalls ein Reserve-Verfahren, wobei das Eindringen der Farbe durch Abschnüren bestimmter Partien des Stoffs verhindert wird. Der Aufwand an Vorbereitung, Material und Hilfsmitteln ist wesentlich geringer als bei der Wachs-Batik; technische Schwierigkeiten ergeben sich kaum.

Für das Gewebe und das Färbebad gelten die gleichen Voraussetzungen wie für die Wachs-Batik. Wir benötigen als Hilfsmittel lediglich Kordel und kleine Gummis für das Abbinden sowie nach Bedarf weitere Mittel, um die Abschnürung zu variieren, z. B. Wäscheklammern (vgl. Abb. 83).

Vorgehen

Die Musterung ist das Ergebnis von Faltung oder Raffung in verschiedenster Form und Abschnürung. Durch die Art der Faltung des Gewebes oder einzelner Partien sowie durch die Ab-

83 Plangi (Binde-Batik): Die Preßstellen von Wäscheklammern ergeben das Muster. Sie zeichnen sich durch alle Stofflagen hindurch in regelmäßiger Reihung ab

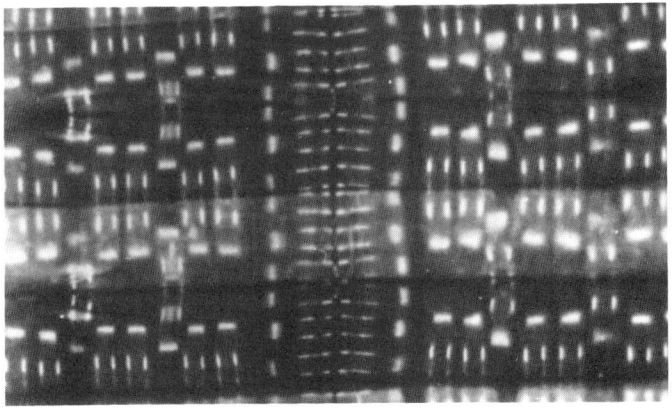

84 Plangi (Binde-Batik): Der Charakter der Musterung wurde durch die Abschnürstellen und Falten bestimmt

schnürung in unterschiedlichen Formen können experimentell
zahlreiche Muster gefunden werden. Der Charakter der Musterung wird zum einen bestimmt durch die Abschnürstellen, an
die wenig oder keine Farbe hingelangt, zum anderen durch die
Falten, die locker oder fest liegen, wodurch die Farbe unterschiedlich stark eindringt (vgl. Abb. 84).

Der Arbeitsablauf kann an einem *Beispiel* gezeigt werden: Wir wollen
mit den Grundfarben Gelb und Blau färben, die Form soll in einem
einfachen Strahlenmuster bestehen, das die gesamte, quadratische
Fläche einnimmt. Wir können dabei zunächst eine Probefaltung mit
Papier machen.

1 Zunächst falten wir das Quadrat einmal zu einem Rechteck. An
   der Falzkante markieren wir die Mitte und falten von außen zu

dieser Mitte hin schmale, spitz zulaufende Falten. Wenn wir das Papiermuster aufklappen, hat das Papierquadrat ein Strahlenmuster. Das Gewebe, das wir in gleicher Form falten, schnüren wir an drei Stellen fest mit Kordel ab. Wir können die gefaltete Form auch vorher bügeln. Danach tauchen wir es in das Färbebad und belassen es dort eine gewisse Zeit. Um ein gleichmäßiges Eindringen der Farbe zu gewährleisten, muß der Stoff vor dem Falten und dem Abschnüren in Wasser eingeweicht und wieder ausgewrungen werden. Nach dem ersten Färbebad knoten wir zwei Abschnürungen auf und spülen mit klarem Wasser das Tuch durch.

2 Wir falten das Tuch wieder in gleicher Form wie zuvor und schnüren an zwei anderen Stellen ab. Nun tauchen wir das Tuch in das blaue Farbbad und wiederholen die Prozedur wie oben.

3 Nach dem Ausspülen hängen wir die Plangi-Arbeit zum Trocknen auf. In noch etwas feuchtem Zustand können wir sie glattbügeln. Das Ergebnis besteht in der Farbenkombination Weiß-Gelb-Grün. Weitere Differenzierungen, z. B. zum Blau hin, wären durch zusätzliche Färbungen möglich gewesen.

85 Plangi-Formen: 1 Mitte – 2 Ecke – 3 Symmetrie – 4 Achsen – 5 Überkreuzung – 6 Mittelfeld

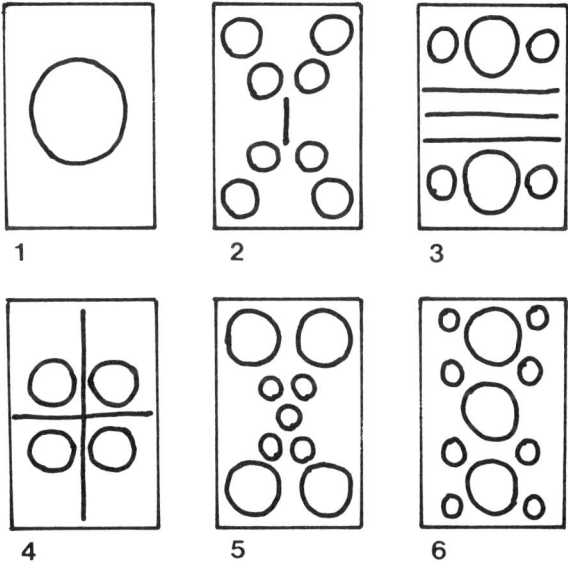

Wenn wir ein Tuch falten und abbinden, ist die Berechnungsmöglichkeit des Ergebnisses gering. Es ist ein Spiel mit den Mitteln, das zu Zufallsergebnissen führt. Allerdings kann die Entdeckung zu gezieltem Neu-Einsatz veranlassen, vor allem bei Regeln, die sich leicht wiederholen lassen und die wir uns daher merken können (vgl. Abb. 85). Eine Plangi-Arbeit wird im Falten und Abschnüren »entworfen«, wenn wir eine Anzahl von Regeln und deren Ergebnisse kennen.

Die Ausgestaltung einer Fläche unterliegt den gestalterischen Gesetzmäßigkeiten der Komposition. Formen können im Wechsel und Kontrast zueinander stehen: leichte Formen gegen schwere Formen, wenig Strukturiertes gegen stark Strukturiertes. Die ruhige Farbfläche kann im Wechsel stehen zur stark differenzierten Fläche. Bei stark in sich differenzierten Formen ist eine eher streng geometrische Aufteilung der Fläche zu empfehlen. Nachstehend eine Übersicht über die Formenvielfalt:

1   Faltungen
    Parallelfalten (längs, quer, diagonal)
    dreieckige Falten
    Aufrollen
    Drehen (zwischen den Abbindungen)
    Knoten des Stoffs
    Umklappen der Ecken
    Knautschen

2   Abschnürungen
    unterschiedliches Bindematerial (dünn-dick,
    schmal-breit, glatt-rauh)
    unterschiedliche Festigkeit (lose-fest)
    andere Formen (Wäscheklammer, Büroklammer)

3   Einbindungen
    Gegenstände wie Knöpfe, Holzstücke, Steine,
    Flaschen, Kordelstücke, Stäbe usw.

4   Färben (vgl. das Kapitel *Wachs-Batik*)

Die Stoffdruck-Verfahren

Die Positiv-Verfahren des Stoffdrucks entsprechen den betreffenden Druckverfahren des manuellen Bilddrucks. Das gewünschte Motiv wird aus hergestellten oder vorhandenen Formen entwickelt. Beim *Hochdruck* wird Farbe auf die hochliegenden Teile des sogenannten »Druckstocks« aufgewalzt und beim Drucken wieder abgegeben. Dieses Prinzip, das wir auch vom Stempeln her kennen, entspricht den Druckverfahren von Linol- und Holzschnitt. Seit der Erfindung der Buchdrucker-Kunst wird das Prinzip des Hochdrucks im Buchdruck als Vervielfältigungsverfahren angewandt.

86 Model aus Linoleum: Eule und Vogel in stark flächiger Umsetzung

Beim manuellen Stoffdruck werden *Model* (lat. = Maß, Form, Muster) aus weichen Materialien (Holz, Linoleum; vgl. Abb. 86, 87) oder *Stempel* (Kartoffel, Korken) verwendet. Beim *Materialdruck* werden vorhandene Gegenstände als Druckstock benutzt, aber auch Kordel, die Linien bilden und deren Struktur zur Wirkung kommt. In diesem Fall sprechen wir von *Kordeldruck*.

Beim *Schablonieren* fällt der eigentliche Vorgang des Druckens fort. Dennoch zählt man diese Technik, wie im grafischen Gewerbe, zu den Druckverfahren. Die Form besteht aus einer Schablone, auf die die Farbe aufgetragen wird: mit dem *Pinsel,* im *Spritzverfahren* oder als *Siebdruck.*

Hochdruckverfahren

Stempeldruck

Herstellung der Druckstöcke
Das Material für die Herstellung eines *Kartoffeldrucks* ist schnell zur Hand: Wir benötigen einige Kartoffeln und ein Küchenmesser. Aus der halbierten Kartoffel wird eine einfache Stempelform geschnitzt. Für den Anfang und zum Ausprobieren genügt eine geometrische Form: Halbkreis, Viertelkreis, Ring oder Quadrat. Zum Überprüfen der Form und zum Erproben von Gestaltungsmöglichkeiten können wir den Stempel mit Aquarell- oder Temperafarbe bepinseln und Muster auf saugfähiges Papier drucken (vgl. Abb. 91, 92). Statt Kartoffeln können auch sonstige einfache Gegenstände genommen werden, wie Korken oder Kandiszucker (Abb. 93).

Druck mit Model

Haltbare Model können aus *Linoleum* geschnitten werden. Das Linoleum sollte weich sein und eine glatte Oberfläche aufweisen. Mit einem spitzen Messer oder speziellen Linolschnittfedern werden Vertiefungen ausgehoben; die stehengebliebenen Partien

87 Reihung eines Motivs. Model aus Linoleum (vgl. Abb. 86 rechts)

drucken. Die nichtdruckenden Teile außerhalb der Form werden weggeschnitten, die Form läßt sich so besser ansetzen. Handlicher arbeiten läßt es sich, wenn wir die Linoleum-Form mit einem Kontaktkleber auf ein Holzklötzchen kleben. Holzfläche und Linolfläche müssen sich dabei in der Größe in etwa entsprechen.

Während bei kleineren Model das Andrücken mit der Hand ausreicht, um zu drucken, muß bei größeren Druckplatten der Druck verstärkt werden. Wir können einen Hammer zu Hilfe nehmen, wobei wir ein Brettchen auf die Rückseite der Linolplatte legen. Manchmal genügt es auch, die Linoldruckwalze über die Rückseite der Druckplatte zu rollen und sie dabei fest anzudrücken.

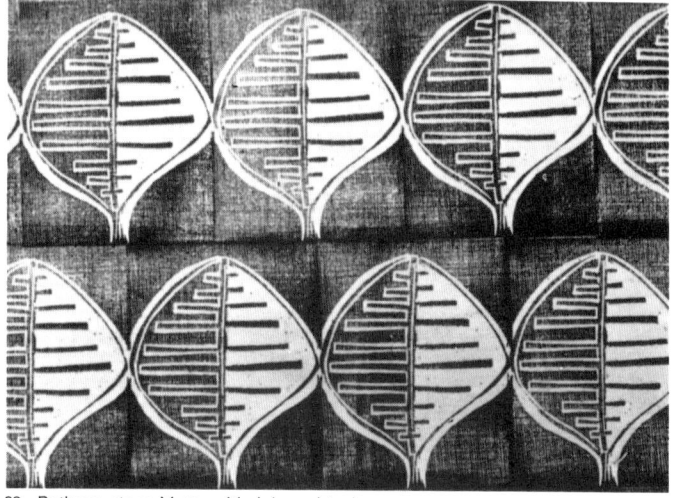

88 Reihung eines Motivs. Model aus Linoleum

Vor dem Aufwalzen der Farbe beim ersten Benutzen des Linol-Models sollte die Fläche mit Benzin abgerieben oder mit feinkörnigem Schmirgelpapier aufgerauht werden.

Anstelle von Linoleum kann auch *Karton* für die Herstellung der Stempelform genommen werden.

Material und sonstige Hilfsmittel
Für Handdruckarbeiten eignen sich feine Gewebe aus Baumwolle (z. B. Batist), Leinen und Naturseide. Für große und undifferenzierte Formen können gröbere Gewebe (z. B. grobes Leinen oder Rupfen) verwendet werden.

Die Stoffe sollten vor dem Bedrucken gewaschen (Appretur!) und gebügelt werden. Der Druckvorgang wird erleichtert, wenn der Stoff mit Nadeln auf eine Pappe festgeheftet wird. Günstig ist eine Zwischenlage aus weichem Stoff.

Als Farbe wird spezielle Stoffdruckfarbe (Deka) verwendet. Wir sollten genügend alte Zeitungen sowie Lappen und Benzin zum Säubern bereithalten. Die Farbe am besten auf Alufolie ausdrücken und mit einem Borstenpinsel auf die Druckform übertragen (bei größeren Platten mit der Linoldruckwalze).

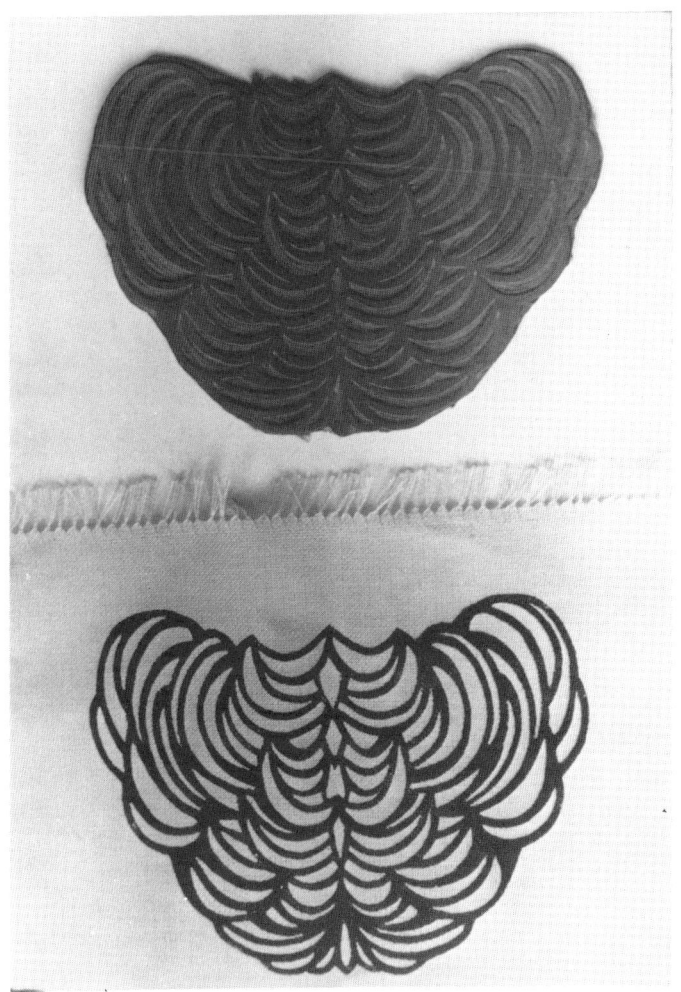

89 Stark stilisiertes florales Motiv, *oben:* Model aus Linoleum, *unten:* Druckform auf dem Gewebe

Nach dem Druckvorgang und dem Trocknen der Farbe muß
der Stoff von links gebügelt werden. Das Bügeln bewirkt, daß
die Farbe tiefer in die Gewebeporen eindringt.

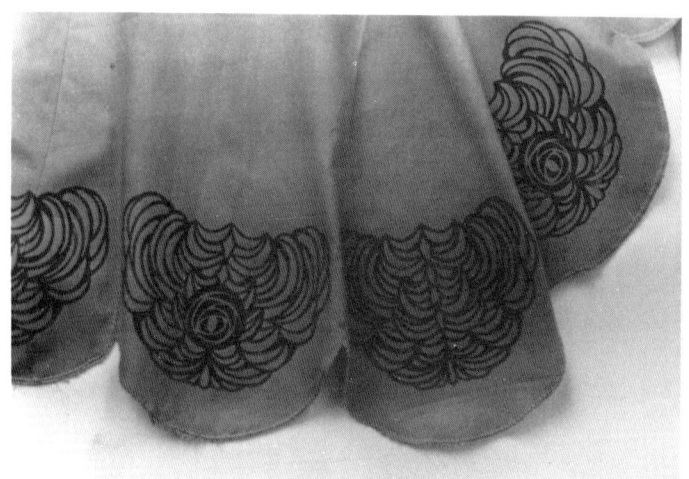

90 Beispiel einer ornamentalen Anordnung auf einem Gegenstand (Rockrand, runde Tischdecke)

Gestaltung

Die Formen können in verschiedener Anordnung zusammengefügt oder mit anderen Formen kombiniert werden. Differenzierte Motive können auch als Einzelform ein sich wiederholendes Muster bilden (vgl. Abb. 87–89).

Bei maschinellen Stoffdruck mit Modeln sind Ansätze und Abstände der Formen sowie der Farbauftrag durch die gleichbleibende Druckstärke konstant. Beim manuellen Druck gelingt das selbst einem Perfektionisten nicht. Die gegenteiligen Effekte sind besondere Merkmale des Handdrucks. Die Zufälligkeiten des ungenauen Ansetzens oder des unterschiedlichen Farbauftrags werden als Gestaltungsmittel einbezogen:

1 Wir können mehrere Abdrucke von einem Farbauftrag machen, dabei wird jeder Druck schwächer in der Farbe. Wird in unterschiedlichem Rhythmus Farbe neu auf den Stempel aufgetragen, erhält man ein in seinen Tonwerten wechselndes Bild (vgl. Abb. 92, 93).

2 Eine Fläche oder eine Kontur kann »abreißen«, weil an diese Stelle keine Farbe hingelangte.

3 Bei zu starkem Farbauftrag entstehen »Farbkrater«, weil die Farbe zum Rand hin abgequetscht wurde.

91 Überlappungen mit einem Viertelkreis. Model aus Linoleum

92 Unregelmäßige Reihung mit einem Halbkreis: Wiederholung und Umkehrung. Die Zufälligkeiten des ungenauen Ansetzens und des unterschiedlichen Farbauftrags sind Merkmale des manuellen Drucks. Model aus Kartoffel

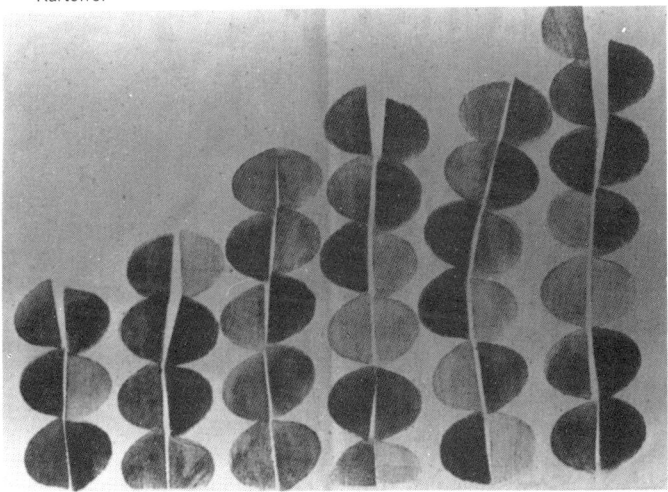

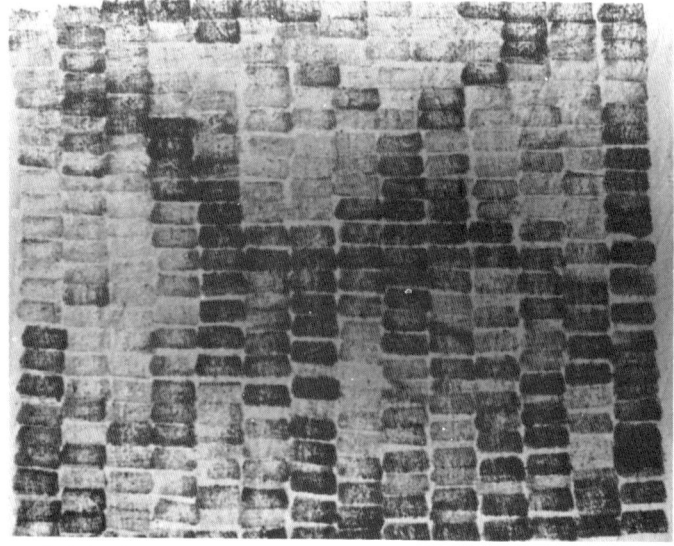

93 Einfache Wiederholung einer Rechtecksform: Farbauftrag und Ansätze ergeben eine lebendige Struktur. Model aus Kandiszucker

4 Ungenaues Ansetzen beim Aneinanderfügen der Formen lassen
»Blitzkanten« oder Überlappungen entstehen.
5 Leicht versetzt oder schräg aufgedruckte gleiche Formen ergeben
ein lebendigeres Bild als exakt aufgedruckte. (Unschön wirken allerdings Verschmierungen, wie sie beim Verrutschen des Stempels
entstehen.)
6 Die Form selbst kann bewußt ungenau geschnitzt werden.

Übungen

Wir entwickeln zum Üben eine einfache Form, die genügend
Varianten im Zusammensetzen zuläßt. Wir erleichtern uns die
Suche, wenn wir die Form zunächst aus Papier schneiden und
sie in mehrfacher Ausführung spielerisch zusammenlegen. Schon
mit einem einfachen Halb- oder Viertelkreis läßt sich eine Fläche
ornamental gliedern, oder es können Musterbänder gestaltet
werden. Dabei berücksichtigen wir auch die beim Zusammenfügen entstehenden negativen Formen (vgl. Abb. 91, 92).

Beim spielerischen Zusammenfügen gleicher Formenelemente stoßen wir auf wiederkehrende Ordnungsprinzipien:

1 Reihung: Wiederholung, Umkehrung, Spiegelung, Ineinanderverschieben der Formen (Überlappung),
2 Zentrierung und Ballung,
3 Streuung,
4 Gruppenbildung: rhythmisch bewegt, symmetrisch – asymmetrisch,
5 freie Ordnungen: aufeinander zustrebend – sich lösend, wirbelnd,
6 Verwendung zusätzlicher Formen.

Als zusätzliche Gestaltungselemente: Die gewählte Farbe des Stoffgrundes kann mit einer oder mehreren Druckfarben abge-

94 Materialdruck: Aus dem Gewebe (Leinen) wurde eine Kreisform herausgebrannt

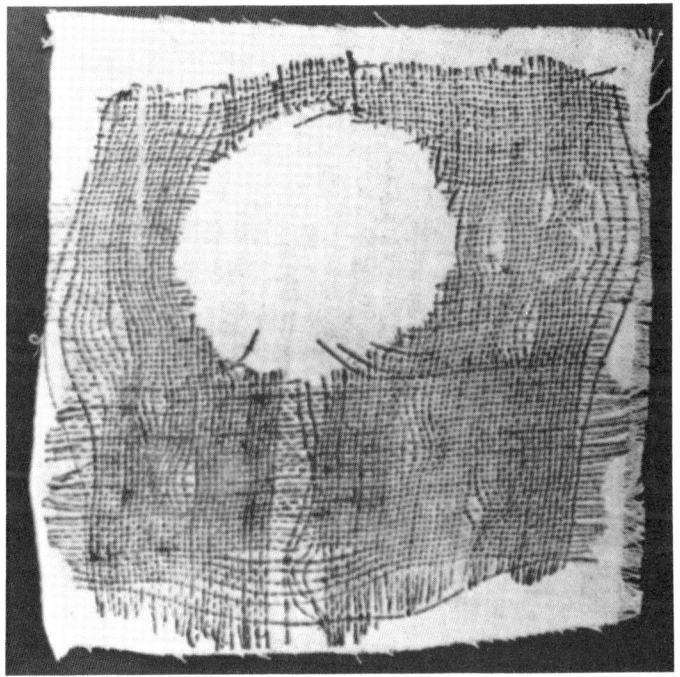

stimmt werden. Partien des Stoffgrundes können untermalt werden, oder die gedruckten Formen werden durch gemalte Linien bereichert.

Material- und Kordeldruck

Als Druckfarbenträger kann auch ein vorhandener Gegenstand verwendet werden. Voraussetzung ist, daß dieser »Druckstock« sich einwalzen und anpressen läßt.

Beim *Materialdruck* wird das Material mit Druckfarbe eingewalzt und sofort anschließend der Abdruck gemacht. Nach Möglichkeit sollte mit einer Handdruckpresse gearbeitet werden (etwa in Schulen), da durch den hohen Druck die unterschiedliche Höhe des Materials ausgeglichen wird. Diese Technik ist zur Reihung von Mustern nicht geeignet, weil die formalen Druckergebnisse unterschiedlich ausfallen.

95 Materialdruck: Das Gewebe (Mullbinde) wurde verformt und teilweise zerstört

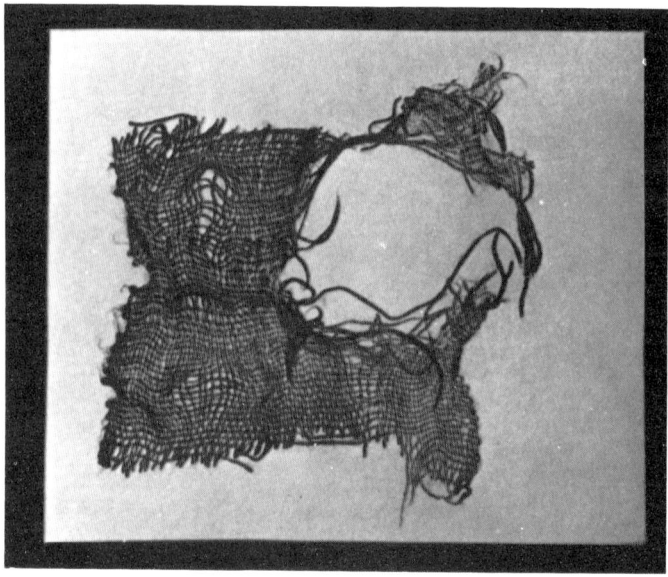

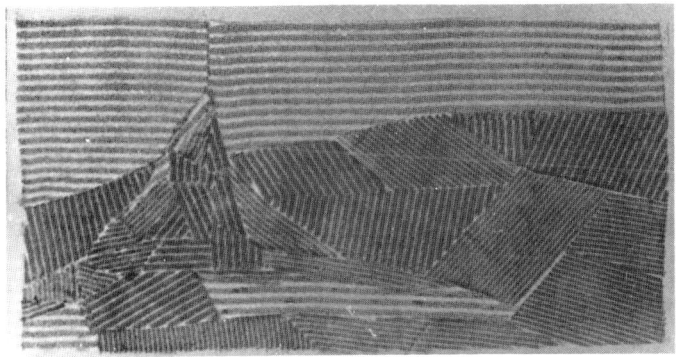

96 Materialdruck: Verschiedener Cordsamt wurde intarsienartig aufgeklebt. Das Motiv erinnert an eine Landschaft mit Feldern

97 Materialdruck: Großrastrige Textilien (Gittertüll) überlappen sich

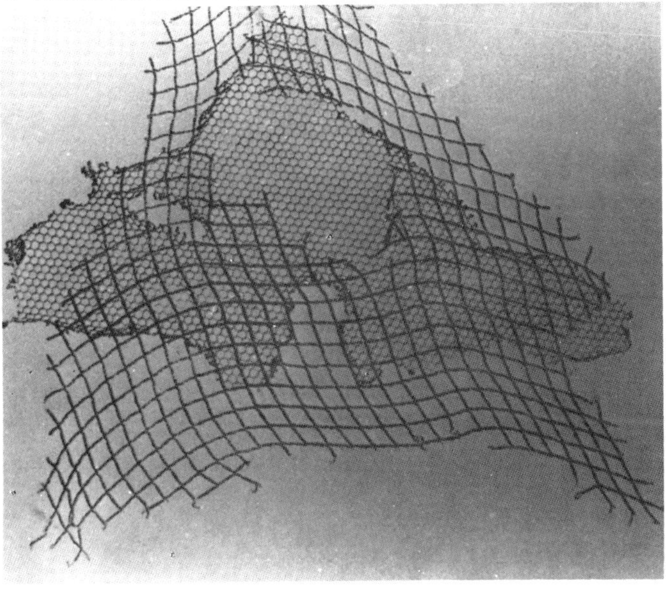

Gittertüll, Sackleinen, Verbandsmull, Gardinen und andere Textilien als »Druckstock« ergeben interessante Strukturen (vgl. Abb. 94–97). Die Erfahrungen beim Experimentieren lassen sich gezielt anwenden: Wir können eine Schablone auf den Stoffgrund legen und die Schablonenform mit der Struktur der Textilie ausfüllen.

Auch nicht-textile Gegenstände lassen sich auf gleiche Weise abdrucken: Blätter, Federn, geknautschte oder gefaltete Papiere u. a. Die Teile können mit Alleskleber auf Karton fixiert werden.

Für den *Kordeldruck* wird feste Kordel in einheitlicher Stärke mit Alleskleber auf Pappe geklebt. Dabei wird die Kordel linear angeordnet, d. h., die Kordelstücke entsprechen den Strichen einer Zeichnung. Bei Überschneidungen der Linien darf sich die Kordel nicht überkreuzen, sondern muß abgeschnitten werden, damit der Druckstock auf gleicher Höhe bleibt.

Nach dem Einwalzen mit Stoffdruckfarbe wird das Motiv entweder, wie oben beschrieben, gedruckt, oder der Stoff wird auf den Druckstock gelegt, und es wird vorsichtig darüber gerieben.

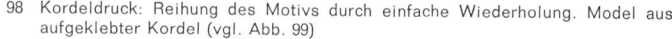

98 Kordeldruck: Reihung des Motivs durch einfache Wiederholung. Model aus aufgeklebter Kordel (vgl. Abb. 99)

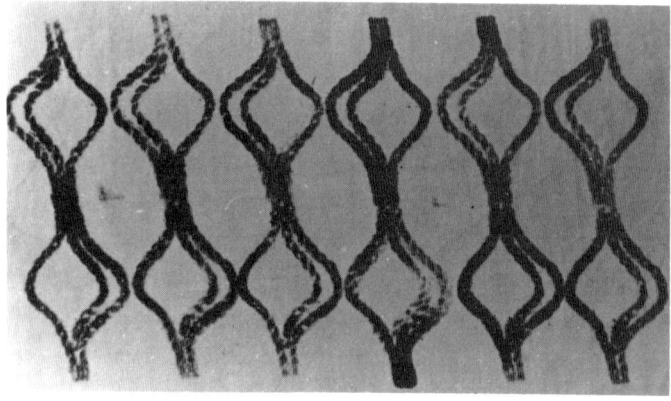

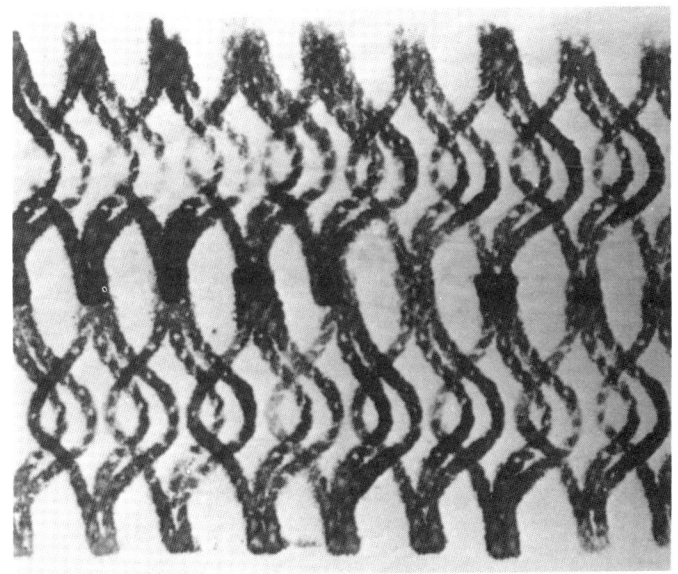

99 Kordeldruck: Reihung des Motivs durch Wiederholung und Überlappung. Model aus aufgeklebter Kordel (vgl. Abb. 98)

Der Kordeldruck läßt Wiederholungen zu. Drehungen des Druckstocks und ungleichmäßiger Farbauftrag ergeben lebendige Unregelmäßigkeiten (vgl. Abb. 98, 99).

Das Schablonieren

Pinsel- und Spritztechnik

Die formalen Variationen des Stempeldrucks lassen sich auch in Pinsel- und Spritztechnik durchführen. Es wird lediglich unterschieden in der Art des Farbauftrags.

Herstellung der Schablone
Benötigt wird geöltes Pergamentpapier (normale Papiere wellen sich beim Farbauftrag) oder selbstklebende Klarsichtfolie. Mit

einer Schere oder einem Papiermesser (auch: Schneidefeder) werden die Formen, die das Motiv bilden sollen, ausgeschnitten. Dabei wird außen herum genügend Rand stehengelassen.

Während die selbstklebende Folie nach dem Abziehen des Deckpapiers nur aufgelegt und angedrückt zu werden braucht, muß die Papierschablone mit Nadeln oder Heftzwecken auf dem Stoff befestigt werden. Am besten wird der Stoff vorher auf einem Stück fester Pappe glatt aufgespannt.

Farbauftrag

Die Transparenz des Schablonenpapiers erleichtert das genaue Auflegen und Ansetzen der Formen.

Als Farbe wird flüssige Textilfarbe für Stoffmalerei (Deka) verwendet, die mit Wasser verdünnt werden kann. Bei der *Pinseltechnik* wird etwas Farbe mit einem runden, kurzborstigen Borstenpinsel auf die Stoffpartie der Schablonenform gerieben oder gestuppt. Die von der Schablone abgedeckten Flächen blei-

100 Werkzeuge für den Spritzdruck: 1 Kaffeesieb – 2 Drahtsieb – 3 Zahnbürste

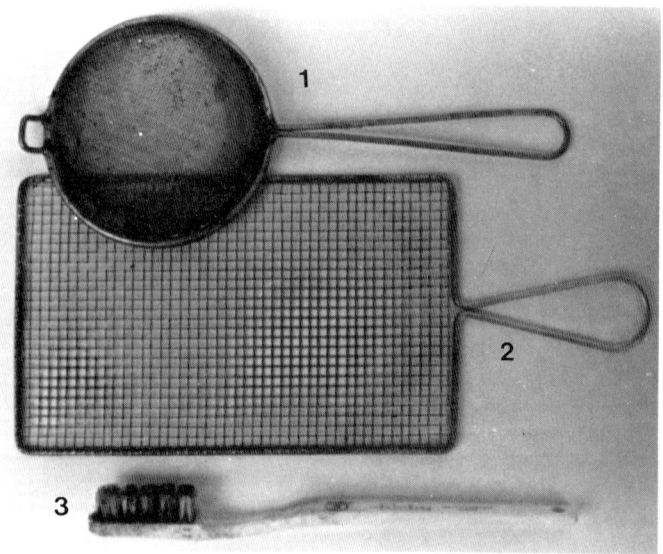

101 Spritzdruck: Die Schablone wurde so verschoben, daß sie bereits aufge-
spritzte Formen überlappte

ben dabei frei von Farbe. Die Pinseltechnik eignet sich besonders für grobe Gewebe aus Leinen und für Rupfen.

Die *Spritztechnik* improvisiert den Vorgang, den wir von
dem Gebrauch von Aerosolflaschen her kennen (z. B. Haarspray-
Dosen). Die Farbe wird zerstäubt und färbt als feiner Sprüh-
regen den Stoff. Dieser Effekt wird erzielt, wenn eine in Farbe
getauchte Zahnbürste über ein grobmaschiges Kaffeesieb oder
ein gerades Drahtsieb (im Bastelladen zu haben) gerieben wird
(vgl. Abb. 100). Die Spritztechnik verlangt am Anfang etwas
Geduld und Übung, da die Farbe zu dünn oder zu dick, der
Abstand zwischen Sieb und Stoff ungünstig sein kann oder die

Borsten zu starr bzw. zu weich sind. Haben wir die Technik im
Griff, so können wir ähnliche Variationen wie beim Stempeldruck gestalterisch einsetzen.

Übungen

Wir wollen die Effekte, die beim Farbauftrag in Spritztechnik erzielt
werden können, an Übungsbeispielen ausprobieren:

1   Wir schneiden eine Schablonenform aus, ohne das auszuschneidende
    Teil zu beschädigen. Wir erhalten eine Positiv- und eine Negativ-
    form. Beide Formen werden auf den Gewebegrund geheftet, an-
    schließend wird Farbe satt aufgestäubt.

2   Wir legen nur die Negativschablone auf, spritzen nur kurze Zeit,
    so daß die Farbe sich wie ein zarter Schleier auf den Stoff legt.
    Wenn wir die Schablone nun verrücken, so daß sie mit einer Partie
    die bereits aufgespritzte Form überlappt, ergibt sich eine Tonwert-
    Addierung an der Überlappungsstelle (vgl. Abb. 101).

3   Eine größere, einfache Positivform (z. B. Kreis) wird aufgespritzt.
    Anschließend wird diese Schablone kleiner geschnitten und erneut
    Farbe aufgespritzt. Der Vorgang kann mehrfach wiederholt wer-
    den, wobei die Schablonenform ungleichmäßig versetzt aufgelegt
    werden kann.

4   Wir versuchen, klare Abgrenzungen und weiche Übergänge zu
    erzielen. Diese Effekte werden durch Verstärken bzw. Abschwächen
    des Farbschleiers beim Aufstäuben erreicht, oder die Schablonen-
    ränder liegen fest auf dem Gewebegrund bzw. stehen etwas ab.

5   Anstelle der Papierschablonen können wir auch andere Materialien
    auf den Gewebegrund legen (z. B. Büroklammern). Im Unterschied
    zum Materialdruck erhalten wir dabei die Negativform des auf-
    gelegten Materials. Auf diese Weise läßt sich die Textur gitter-
    artiger Textilien abbilden (Gardinen, Tüll; vgl. Abb. 102).

Bei der Gestaltung von Mustern, Ornamenten oder Bildmotiven
lassen sich die verschiedenen Arten des Stoffdrucks beliebig
kombinieren. Stoffmalerei, vor allem der lineare Pinselauftrag,
kann ein Motiv bereichern. Die Konturen des Fischmotivs (Abb.
103) wurden mit dem Pinsel aufgetragen. Die Schuppen wurden mit einer Schablone in Schuppenform und zusätzlichem
Auflegen einer Gardine erzielt.

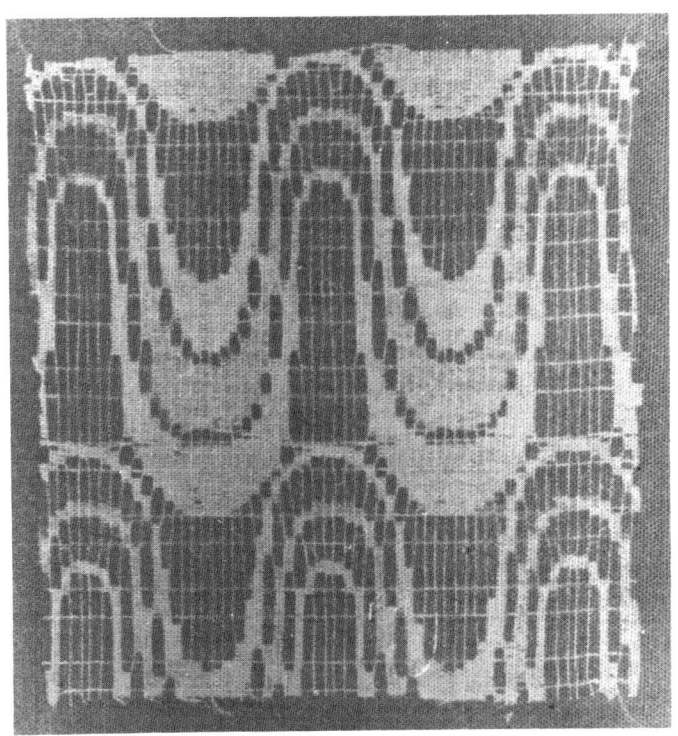

102 Spritzdruck: Die Textur einer Gardine diente als Schablone

Bei einem abstrakten Motiv wurden Überlappungen und Materialschablonen als Mittel eingesetzt. Die Arbeit wurde sparsam durch Besticken bereichert (Abb. 104).

Siebdruck

Der Siebdruck ist eine verbesserte Form des Schablonierens und ebenfalls kein eigentliches Druckverfahren. Auch hier wird mit einer Schablone gearbeitet. Die Farbe wird jedoch nicht direkt auf den Gewebegrund aufgetragen, sondern durch ein feinmaschiges Netz oder Sieb hindurch. An abgedeckten Stellen des

179

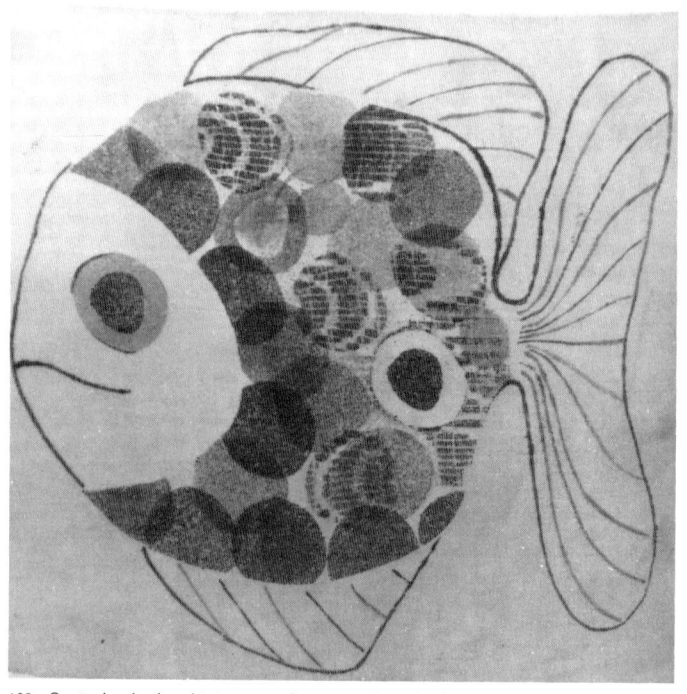

103 Spritzdruck, kombiniert mit linearem Pinselauftrag (Konturen). Für einige
Schuppenformen wurde eine Gardine als Schablone verwendet

104 Spritztechnik, kombiniert mit Gesticke und Perlenapplikation. Als Schablone ▷
wurde auch eine Spitzenborte verwendet (Mittelstreifen)

Gewebegrundes dringt die Farbe nicht ein. Das Verfahren wird
in der Stoffdruckindustrie bei der maschinellen Herstellung
großmustriger Dekostoffe, im grafischen Gewerbe für die Herstellung von Serigrafien (manuell hergestellte Mahrfarbdrucke
im Siebdruck-Verfahren) und für den Druck von Plakaten in
kleinerer Auflage angewandt. Die unterschiedlichen Ansprüche
bedingen natürlich unterschiedliche technische Einrichtungen und
Materialien. Für den manuellen Stoffdruck läßt sich das Verfahren des Siebdrucks auch mit einfachen Mitteln verwirklichen.

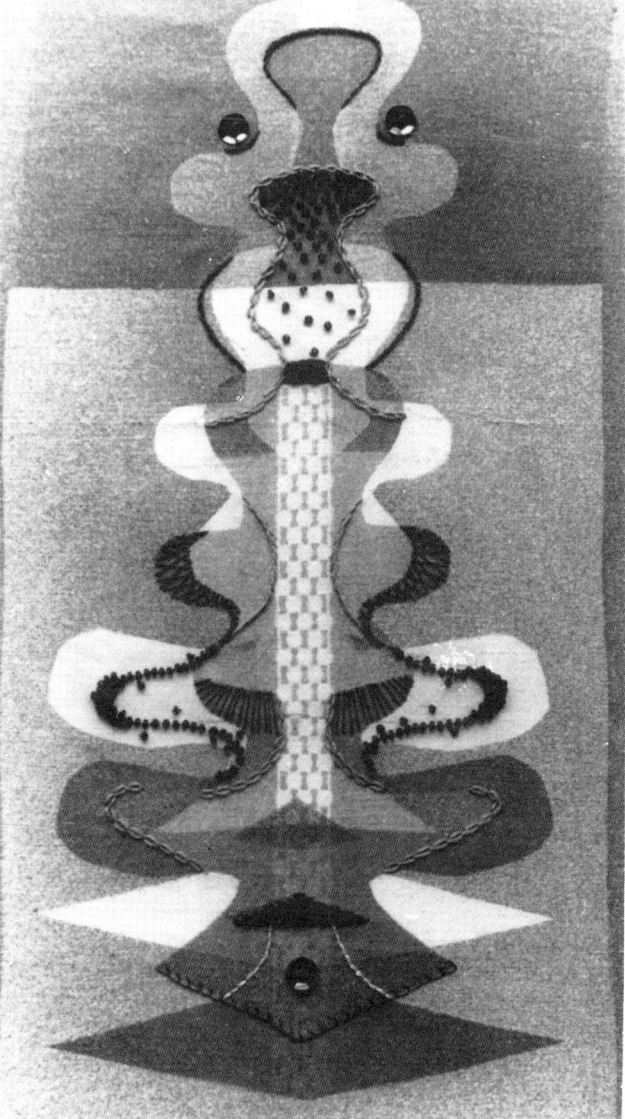

Herstellung der Druckvorrichtung

Wir benötigen einen einfachen Rahmen aus 2 cm x 4 cm starken Latten. Die Größe des Rahmens richtet sich nach dem vorgesehenen Druckmuster. Auf diesen Rahmen spannen wir das »Sieb«. Wir können dazu Gaze, Organza oder feinmaschigen Tüll nehmen. Vor dem Aufspannen wird der Stoff vorbehandelt, damit die Appretur völlig verschwindet (einweichen, ausschwemmen, Gaze in Wasser mit Spülzusatz auswaschen). Der getrocknete und gebügelte Stoff wird glatt aufgespannt, und zwar von der Mitte nach außen, um die Kanten herumgeschlagen und mit Heftzwecken befestigt.

Für die Schablonen wird selbstklebende Folie verwendet. Wir brauchen außerdem eine Gummi-Rakel (ein Teigschaber oder ein Autofensterkratzer erfüllen diese Aufgabe auch) und die richtige Farbe. Wir können spezielle Siebdruckfarbe verwenden, z. B. Maratex (Marabu), oder bereits flüssige Stoffarben mit Mehlbrei vermischen. Letztere halten allerdings der Reinigung des Stoffs nicht stand.

Farbauftrag und Druck

Die Schablone wird auf die Innenseite des »Siebs« geklebt. Außer der ausgeschnittenen Motivform darf keine Stelle des Siebs offen bleiben. Das Sieb wird auf den aufgespannten Gewebegrund aufgelegt, die Farbe aufgetragen und mit der Rakel verstrichen, indem sie mit der Innenkante der Rakel auf uns zugeschoben wird. Dabei dringt die Farbe an den von der Schablone nicht abgedeckten Teilen des Siebs auf das Gewebe. Soll das Muster wiederholt werden, so wird das Sieb an anderer Stelle erneut aufgesetzt und Farbe aufgerakelt. Es ist sinnvoll, nur soviel Farbe aufzutragen, wie voraussichtlich verbraucht wird, da sie anschließend nicht mehr verwendet werden kann.

Wird mehrfarbig gearbeitet, ist es zweckmäßig, mit mehreren Sieben zu arbeiten. Beim Ansetzen der Formen helfen Markierungen auf dem Gewebegrund. Überlappungen der Farben ergeben neue Farbwerte. Ungenaue Ansätze ergeben Blitzkanten und Überschneidungen, sie sind charakteristisch für den manuellen Siebdruck und können gezielt gestalterisch eingesetzt werden.

Der textile Gegenstand

Der textile Gebrauchsgegenstand

Der Begriff weist dem Gegenstand Gebrauchsfunktionen zu, er kann zu etwas benutzt werden. Im Hinblick auf diese Benutzung müssen praktische, technische und gestalterische Notwendigkeiten und Funktionen berücksichtigt werden. Die praktische Funktion betrifft die Form der Verwendung, die technische die Verarbeitung und die gestalterische die formalen Aspekte in bezug auf den Gegenstand und seine Umgebung.

In der Grafik wird unterschieden nach freier und angewandter Grafik (auch: Gebrauchsgrafik). Analog können wir von freier und angewandter textiler Gestaltung sprechen. Wie in der Grafik unterscheiden sich die beiden Bereiche durch den Zweck. Die zweckfreie bildnerische Gestaltung erhält ihre Notwendigkeiten nicht von äußeren Bedingungen, dagegen wird die auf einen Zweck gerichtete Gestaltung sich der jeweiligen Gebrauchsfunktion unterordnen müssen.

Zweckbestimmung und ästhetisch Ansprechendes verbinden sich zu einem eigenständigen Dritten, in welchem die Gegenstandsform den Zwecksinn spiegelt. Die »wahre Form der Gebrauchskunst« ist nach H. Meyers »weder autonom im Sinne losgelöster Zweckdienlichkeit, noch verwischt sie ihren Zweckauftrag durch autonome Anblickseigenschaften«[25]. Meyers stellt die Gegenstandsform in die Nähe der organischen Gebilde der Natur: »Ihre vollendete Zweckhaftigkeit ist von ihrer vollendeten Gestalthaftigkeit nicht mehr zu trennen.«[26]

Unter textilen Gebrauchsgegenständen verstehen wir im weitesten Sinne alle textilen Bekleidungsformen, Heim- und Wohntextilien. Die Darstellung wird hier jedoch auf Gegenstände eingeschränkt, bei denen die Gestaltung im Vordergrund steht. Gegenstände, die überwiegend maschinell angefertigt werden, bleiben ausgeklammert.

Das schmückende Ausgestalten

Die Gegenstandsbereiche angewandter textiler Gestaltung sind die Bekleidung und die Wohnungseinrichtung. Der Mensch ist bestrebt, sich in diesen Bereichen selbst darzustellen.

Das Warenhaus kommt nur unzureichend diesem Bedürfnis nach, es bietet ihm das an, was der Modegeschmack vorschreibt. Dem geschmacklich Unsicheren wird demonstriert, was er zu welchem Anlaß anzuziehen hat, »schönes Wohnen« wird in kompletten Einrichtungen angeboten. Eigenurteil und Kritik stehen der seriellen Massenproduktion entgegen.

Unsere gestalterische Freiheit sollte aber gerade in der Auswahl und Zusammenstellung nach subjektiven funktionalen, praktischen und geschmacklichen Gesichtspunkten erfolgen. Wir sollten uns dabei auf unser Feingefühl für Form und Stofflichkeit, Harmonie und Komposition verlassen, das mehr oder weniger entwickelt sein kann.

Der Einkauf im Warenhaus kann durch das Selbstgeschaffene sinnvoll ergänzt werden. Oder aber der gekaufte Gegenstand kann so verändert werden, daß er sich harmonisch einfügt, indem wir ihn schmückend ausgestalten.

Angewandte Beispiele

Bereich Kleidung

Ein Hänger soll ornamental ausgestaltet werden. Es wird zunächst geprüft, welche Partien optisch weniger und welche mehr in den Blick rücken. (Die Gestaltung wirkt auf dem angezogenen Kleidungsstück anders, als wenn dieses plan vor uns liegt.) Es muß weiter gefragt werden, ob nur die vordere, nur die hintere, beide Seiten oder vordere und hintere Seite miteinander verbunden gestaltet werden sollen. Grundfarbe und Material sind vorgegeben, über sie wurde bereits beim Kauf entschieden. Bei der Wahl der Technik wurde die Batik bevorzugt. Im Gegensatz zu den applizierenden Techniken sind hier keine praktisch-technischen Probleme zu befürchten, so daß sie allein aus diesem Grunde häufig bevorzugt wird. Die Gestaltung unterliegt den gleichen Gesetzmäßigkeiten der Komposition wie bei der Gestaltung einer Bildfläche (vgl. Farbtafel 17).

Bereich Wohnraum

Der Wohnbereich ist gegenüber früher farbiger und heiterer geworden. Die Zierkissen der »guten Stube« sind farbenfrohen und verspielten Kissenformen gewichen.

Bei einem Kissen war als Grundform ein Dreieck vorgegeben. Es sollte in beliebigen textilen Techniken figürlich ausgestaltet werden (vgl. Farbtafel 7).

Als Technik wurde die Flächenapplikation, verbunden mit Sticken, Häkeln und Flechten, gewählt. Die Figur wurde ornamental aufgelöst, menschliche Körperteile und Kleidung nur stark stilisiert angedeutet. Die Gestaltung paßt sich der aufstrebenden und symmetrischen Kissenform an. Die Gesichtsmerkmale sind im gleichen Abstraktionsgrad auf das Augenpaar beschränkt worden; es erhält dadurch ein größeres Gewicht im Gesamtausdruck und verleiht der Gestalt etwas Rätselhaftes.

Die gleiche Aufgabenstellung galt für die Darstellung eines Königs. Hier kam es darauf an, das Prunkvolle der Gewänder sowie das Herrschergebaren charakteristisch darzustellen (vgl. Farbtafel 21).

Mit heiteren Farben kann auch Humor in den Wohnbereich einziehen. (Vielleicht als Gegenpol zu der stärker werdenden Betonung des Zweckrationalismus bei Wohngegenständen.) Ein Kissen wurde fest mit dem Stoff einer Liege vernäht. Der in plastischer Gestaltung erzielte griesgrämige Gesichtsausdruck steht in genauem Gegensatz zu dem Sonnenbad, das man auf der Liege einnehmen kann (vgl. Abb. 105).

105 Kissen in Quilting-Technik: Nach Herstellung des Gesichts wurde Füllmaterial unterlegt und beides mit dem Gewebegrund der Liege von Hand
vernäht

Das Herstellen zweckgerichteter Gegenstände

Wollen wir einen Gürtel in Knüpftechnik (Makramee) herstellen, so müssen wir neben unseren Gestaltungsvorstellungen für Material und Muster auch die Gesamtform berücksichtigen: Länge, Breite, Charakter der geknüpften Fläche, das Funktionieren des Verschlusses u. a. Diese Überlegungen stellt jeder an, der Kleidungsstücke oder Heimtextilien in Näh-, Strick- oder Häkeltechnik selbst anfertigt. Dieser Fertigungsbereich wird hier jedoch insgesamt ausgeklammert, weil der Fertigungsaspekt gegenüber dem Gestaltungsaspekt überwiegt, letzterer zudem noch häufig dem Modediktat unterliegt.

Das Überwiegen des Gestaltungsaspektes läßt sich an dem folgenden Beispiel veranschaulichen:

Wenn zu einem selbst hergestellten Kleidungsstück passende Zierknöpfe fehlen, können wir sie selbst herstellen. Werden sie nur mit dem passenden Material überzogen, besteht die »Ge-

106 Ornamente wurden in Knopfgröße und -form auf Gewebe gestickt und damit die Knöpfe bezogen

staltung« lediglich in der Auswahl des Stoffs. Wir können aber auch die Form des Knopfes auf ein Stück Stoff übertragen und diese Form durch Besticken ornamental ausgestalten. Es kann ein Kleidungsstück dekorativ ergänzen, wobei es auf die Musterung des Kleiderstoffs abgestimmt sein kann (vgl. Abb. 106).

Weitere Gegenstände, bei denen die Gestaltungsleistung die der Fertigung überwiegt, sind Schmuckgegenstände: Tücher, Schals sowie Flächen im Wohnraum, z. B. Schnapprollos, Vorhänge, Stofftapeten, Paravents, Lampenschirme u. a. Die Technik wird dabei immer den Gebrauch des Gegenstandes berücksichtigen müssen: Ein Schnapprollo kann nicht funktionieren, wenn Teile erhaben gestickt und appliziert werden. Dagegen können Gegenstände, auf denen man sitzt oder liegt, plastisch sein, sofern die Strapazierbarkeit berücksichtigt ist.

Das Verfremden

Beim guten Design wird die äußere Form von der Funktion des Gegenstandes abgeleitet. Streben Form und Funktion auseinander (Kölner Dom mit Aschenbecher), haben wir es häufig mit Kitsch zu tun. Eine ganze Industrie lebt von der Massenproduktion dieser Geschmacklosigkeiten. Es handelt sich dabei immer um eine Zweckentfremdung: Das Aussehen des Gegenstandes (Kölner Dom) steht in keiner Notwendigkeit zu seiner Funktion (Aschenbecher).

Dagegen wird unter Verfremdung der Akt des Bewußtmachens eines Sachverhalts oder eines Gegenstands verstanden. Gegenstände, die durch Materialveränderung (z. B. Umsetzung in textiles Material) verfremdet werden, sollen auf einen bestimmten Sachverhalt verweisen. Die Gegenstände werden ihrer gewohnten Umgebung, Funktion oder materialen Substanz beraubt; sie werden aus dem Vertrauten herausgenommen und in einen anderen Blickwinkel gerückt. Distanzlose Unschärfe wird durch Distanz aufgehoben. (Dieser Form der »Bewußtseinserweiterung« bedienen sich moderne Kunstrichtungen wie Surrealismus, Dada, Pop-Art u. a.)

107 Telefon als Verfremdungsobjekt

Hinter phantastischen, karikierenden Darstellungen steht die ernstzunehmende kritische Absicht. Wenn wir uns in diesen künstlerischen Bereich vorwagen, so nicht mit dem absoluten Anspruch künstlerischer Kriterien. Er eröffnet uns eine Möglichkeit der Mitteilung, der Darstellung unseres Standpunktes oder unserer Einstellung zur Umwelt.

Das textile Telefon stellt die »halbseidene« Pseudowohnkultur geschmackloser oder protziger Wohnraumgestaltung mit imitierten Edelmaterialien in Frage (vgl. Abb. 107).

Ein Miniatur-Plüschsofa wurde aus Samtresten genäht (Abb. 108). Die applizierte Figur soll auf dem wuchtigen Sofa deplaziert wirken. Der »Stilbruch« stellt dem alten »Plüsch« die Charakterlosigkeit vieler moderner Materialien gegenüber. (Auch andere Interpretationen sind denkbar.)

Nachbildungen von Nahrungsmitteln mit textilem Material können als Ausdrucksmittel auf die synthetische Herstellung vieler als Naturprodukte angesehener Nahrungsmittel verweisen (vgl. Abb. 109, 110).

Ein weiteres Gestaltungsfeld bietet sich in der Analyse sprachlicher Begriffe an: Der »Hand-Schuh« (Abb. 111) besteht aus Schuh und Handschuh. Der erfundene Gegenstand »Hand-Schuh« nimmt die wörtliche Bedeutung sehr genau: Zieht man

108 Plüschsofa als Verfremdungsobjekt: Samt, Gewebereste und Füllmaterial, 25 x 29 cm

109 »Strammer Max« als Verfremdungsobjekt, 30 x 20 cm

sich einen Schuh über die Hand? Und müßte es dann nicht auch einen »Fuß-Schuh« geben? Die Wortkonstruktion »Hand-Tasche« ließe sich ähnlich karikierend darstellen.

Das Umfunktionieren

In vielen Haushalten häufen sich alte, zerschlissene oder un-modern gewordene Kleidungsstücke. Was nicht als Flickrest oder Wischlappen aufgebraucht wird, wandert in die Lumpensamm-lung oder in den Müll. Dabei läßt sich der Alt-Kleider-Vorrat viel besser verwenden: nicht nur für das Verkleiden-Spielen der Kinder, sondern – wie wir sehen werden – auch als Ergän-zung der eigenen Garderobe.

Der »wegwerf-reife« textile Gegenstand kann durch Verän-dern, Wegnehmen oder Hinzufügen so umgestaltet werden, daß er eine völlig andere Funktion übernehmen kann.

110 »Spiegel-Ei« als Verfremdungsobjekt: Linear-plastische Gestaltung (Samt, Seide), 50 x 40 cm

112 Umfunktionierung: Jeansweste aus alter Jeanshose durch Drehung um 180 ▷ Grad. Ein Teil der vorhandenen Nähte, Reißverschluß und Taschen blieben erhalten

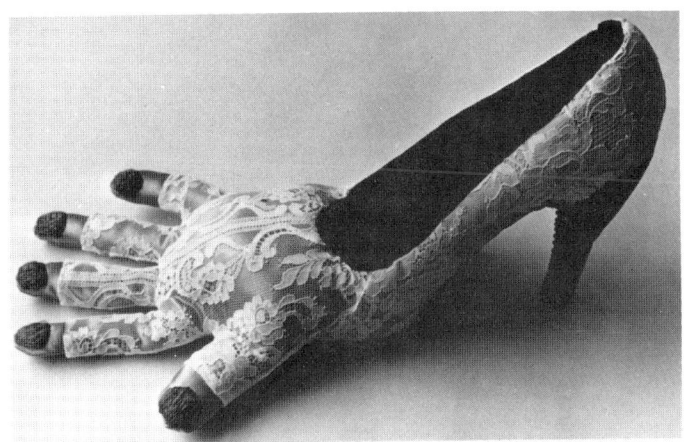

111 »Hand-Schuh« als Verfremdungsobjekt: Satin, Spitze

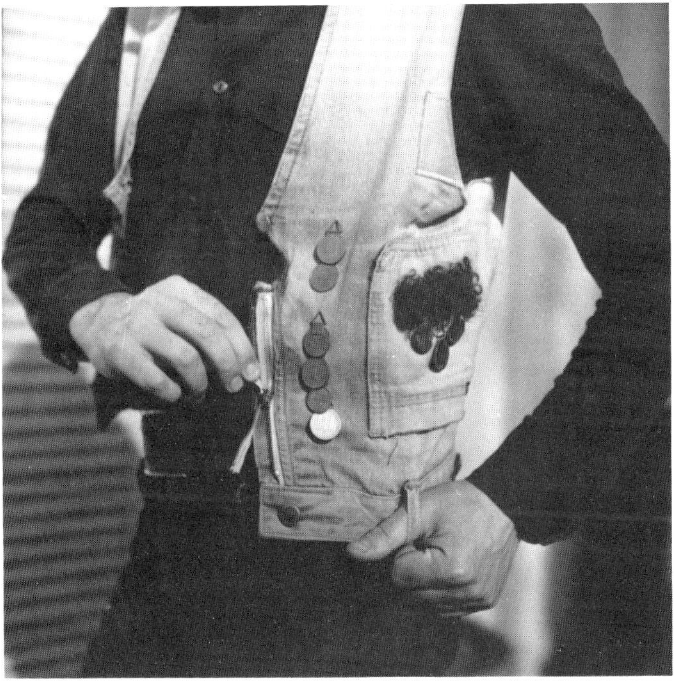

Auf diese Weise wird die alte, zerschlissene Tischdecke zu einem Lampenschirm, einem Hemdkittel oder einer Stola umfunktioniert, wobei die noch brauchbaren Teile der Decke Verwendung finden.

Die ursprüngliche Funktion des Gegenstandes braucht nicht vertuscht zu werden. Teile des alten Zustandes können mit neuen praktischen Aufgaben bedacht werden oder dekorative Funktion übernehmen. Das nachfolgende Beispiel soll diesen Sachverhalt verdeutlichen:

Jeansweste Eine Jeanshose war an den Knien durchgeschlissen. Übliche Alternativen: die Hose flicken, auf Bermuda-Short-Länge schneiden oder wegwerfen. Eine Drehung der Hose um 180° ergibt eine weitere Möglichkeit (Abb. 112).

Die Hosenbeine wurden, etwas abgeschrägt, in Höhe der Schulter abgeschnitten, die vordere Naht am Reißverschluß und im Schritt aufgetrennt. Die gesäumten Kantenabschlüsse blieben erhalten. Zwei Abnäher in der Hüfte und ein Keil-Einsatz im Rückenteil brachten die Weste »auf Form«. Einzelne Teile der Hose wie Reißverschluß, Knopf, Gürtellaschen und Hosentaschen blieben und erinnern an den ursprünglichen Gegenstand. Das auf diese Weise gefertigte Kleidungsstück wirkt so abgetragen wie die Hose vor ihrer Umwandlung.

Zum Thema »schmückendes Ausgestalten«: Altes Metallgeld und Fellreste wurden appliziert. Das Rückenteil erhielt eine Schmuckplatte mit Vogelfedern. Da dieses Teil weder strapazier- noch waschbar ist, wurde es mit vier starken Druckknöpfen abnehmbar befestigt (vgl. Abb. 113).

Das Umfunktionieren gebrauchter textiler Gegenstände, vor allem von Kleidung, ist nicht nur unter ökonomischem Aspekt zu sehen. (Für das Fach »Textiles Gestalten« an den Schulen ist es allerdings ein wichtiger Gesichtspunkt.) Vielmehr hilft es, starre Modenormen zu durchbrechen und individuelle Ausdrucksformen zu entwickeln: beides Ziele schöpferischer textiler Gestaltung.

113 Abknüpfbares Rückenteil einer Jeansweste: Samt, Spiegelsamt, Spitze, ▷ Federn, 50 x 25 cm

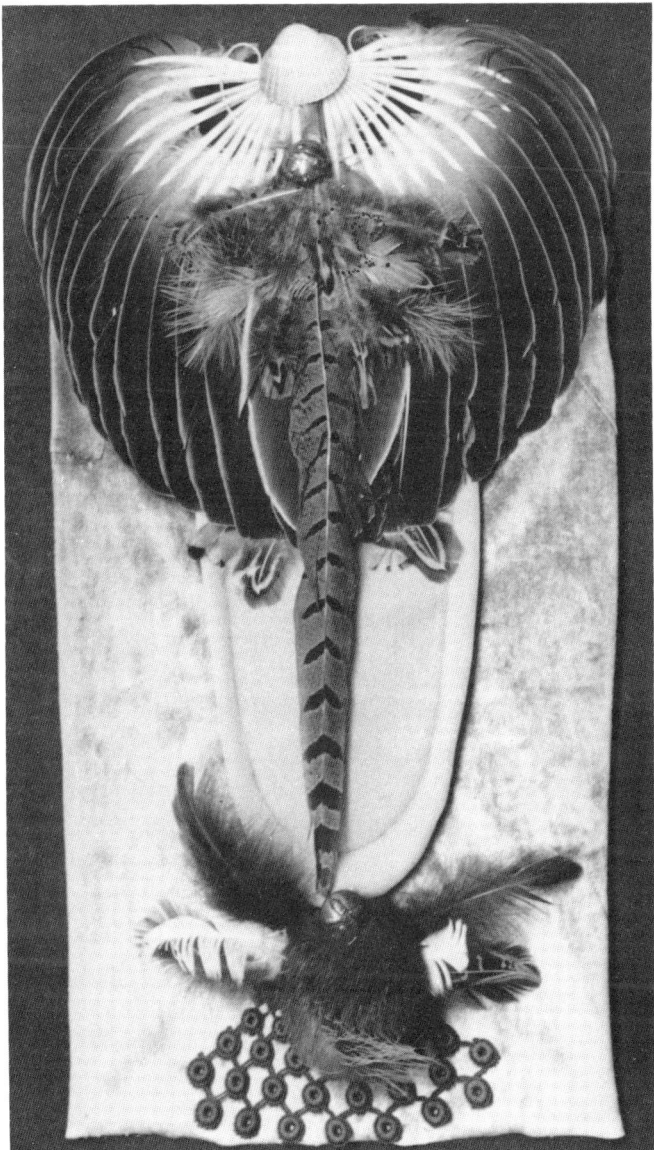

Das textile Spielzeug

Textile Materialien verlocken zum Spielen. Schon aus einfachen Stoffresten, Garn-, Kordel- und Wollknäueln, alten Kleidungsstücken u. a. lassen sich menschliche oder tierische Figuren wikkeln, knoten und schnüren. Beim Improvisieren und gedankenlosen Vor-sich-hin-Arbeiten fügen sich die Hände dem leichten Zwang, den das in seinen Eigenschaften unterschiedliche textile Material ausübt. Ein Taschentuch erhält einen Knoten, dieser wird auf den Zeigefinger gestülpt, und fertig ist eine primitive Spielfigur. Dieses Spielzeug benötigt für seine Herstellung keine technische Arbeitsanleitung. Es braucht auch nicht in Konkurrenz zu treten mit der seriell hergestellten, perfekt konfektionierten und daher steril und unpersönlich wirkenden Puppe aus dem Kaufhaus.

Das textile Material verfügt über vorteilhafte Eigenschaften für den Anwendungsbereich Spielzeug. Es ist ohne großen Werkzeugaufwand verarbeitbar, Elastizität und Geschmeidigkeit kommen dem plastischen Arbeiten entgegen, der Reichtum an Texturen, Strukturen, Mustern, Farben und Formen ermöglicht ein weites Gestaltungsfeld.

Beim Gestalten des Spielzeugs fließen bewußt oder unbewußt bereits Spielideen mit ein, sie werden mit »eingebaut«. Spielmöglichkeiten und -ideen mit dem selbstgefertigten Spielzeug fallen reichhaltiger aus als bei gekauftem. Dazu kommt die Vertrautheit mit dem Gegenstand, die sich durch den Gestaltungsprozeß einstellt: Das fertige Spielzeug ist ein ganz persönlicher Teil seines Gestalters.

Die Einschränkung auf Kinderspielzeug wird hier vermieden, da die Herstellung von Puppen für die verschiedenen Formen des Figuren-Theaters für Kinder wie auch für Jugendliche und Erwachsene ein reiches Betätigungsfeld bietet. In diesem Kapitel wird in erster Linie versucht, Gestaltungsfragen zu klären und die Möglichkeiten der Anwendung von Techniken beim Herstellen textilen Spielzeugs aufzuzeigen. Anleitungen für Zuschnitte und für das Nähen sowie für sonstige nicht-textile Werktechniken bei der Herstellung von Puppen und Figuren werden nicht gegeben. Es wird auf die entsprechende Literatur verwiesen (vgl. *Literaturhinweise*).

Die Einteilung wird nach dem Verwendungszweck vorgenommen. Ein Bereich umfaßt die Spielpuppen und tiere, die Ersatzfunktionen des Dargestellten ausüben. Mit dem »Ersatz« wird gespielt, geschimpft und gekuschelt.

Der andere Bereich besteht in den Spielfiguren der verschiedenen Formen des Figuren-Theaters. Spielfiguren vermitteln »spielend« soziales Miteinander. Bei Kindern werden die Figuren der ersten Kategorie häufig auch zum Figuren-Theater hinzugezogen.

Hinweise zur Gestaltung

Material

Der Arbeitsprozeß in der Anfertigung von Spielpuppen und -figuren besteht in der ständigen Auseinandersetzung mit dem Material. Auf der Suche nach der geeigneten Lösung für einen Ausdruck gelingt es uns vielleicht, ihn ungewollt zu steigern, weil uns zufällig beim Durchstöbern der Restekiste etwas in die Hände fiel, an das wir vorher nicht gedacht hatten. Überhaupt kann nicht genügend darauf hingewiesen werden, daß die originelle Lösung häufig im zweckfremden Gegenstand steckt.

Für die muskulösen Arme des »Gewichthebers« (Farbtafel 20) wurden dünne Schaumstoffplatten zusammengerollt und vernäht. Danach wurden ihm ein Paar alte Damenstrümpfe zweckent-

fremdend über die Arme gestreift und an Händen und Schultern
vernäht. Der Charakter der muskelbepackten Arme wird durch
diese Verarbeitungsweise treffend ausgedrückt. Material und
Form berücksichtigen sich gegenseitig. Sie geben uns die Möglichkeit, die natürlichen Formen nachzuahmen oder zu steigern.
Wenn wir die charakteristischen Merkmale eines Wesens, sein
äußeres Erscheinungsbild und seine typischen Bewegungen übertragen wollen, gehen wir auf Materialsuche.

Bei einer Heuschrecke erinnern die langen Beine an das Ge-
stänge einer Maschine oder an ein Laufwerk. Die mattglänzende
Oberfläche des Körpers besitzt einen ähnlichen Charakter wie
Wachstuch. Bei der materialen Umsetzung einer Fadenmarionette »Heuschrecke« (Abb. 114) wurde für den Körper gift-
grünes Wachstuch verwendet. Für die Beine mußten Stücke aus
grünem Plastik-Gartenschlauch herhalten. Die Füße wurden aus
schwarzem Fimo-Material hergestellt, die Härchen an den Bei-
nen bestehen aus Quasten aus grüner Sisal-Kordel.

114 Tiermarionette »Heuschrecke«: Grünes Wachstuch und Teile aus grasgrünem
Gartenschlauch bilden die Grundmaterialien. Kopf und Beine sind beweglich, 50 cm lang

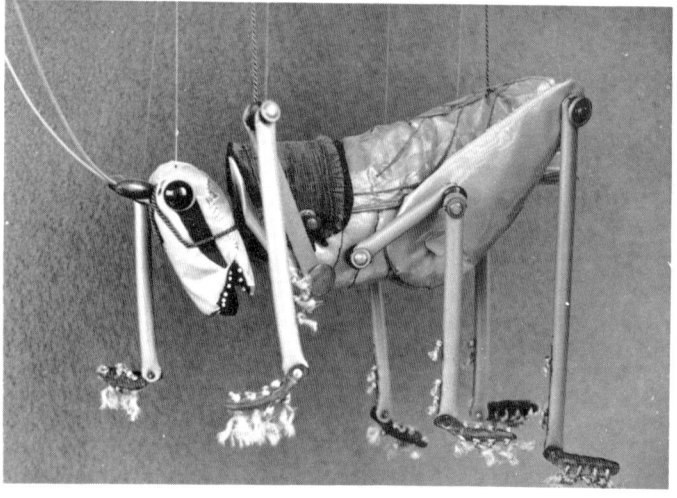

115 Tiermarionette »Spitz«: Aus Teilen eines griechischen Hirtenteppichs zusammengesetzt, 50 cm lang

Gesamtform

Bei der Gestaltung des Spielzeugs sollte von sehr vereinfachten Formen ausgegangen werden. Wir reduzieren eine Figur auf das wenige Wichtige und Typische, das sie von anderen in ihren Merkmalen unterscheidbar macht. Das kann ein Detail sein, zumal wenn die äußere Form sich nicht als besonders typisch darstellen läßt. Beim Übersetzen und Übersteigern der natürlichen Formen und Eigenschaften kann uns das Material – auch nichttextiles – als Ideenlieferant dienen. Wie das charakteristische Merkmal durch ein Material ausgedrückt werden kann, zeigt die »Hund«-Marionette. Das Zottelige ließ sich mit einigen Reststücken eines zerschlissenen griechischen Hirtenteppichs treffend darstellen. Dabei wurde gezielt das vorhandene Material eines Gegenstandes übernommen und damit ein Teil der Fertigung eingespart (Abb. 115).

Das Detail ist immer Teil des Ganzen und steht im Bezug zu ihm. Werden Formen in einem bestimmten Abstraktionsgrad dargestellt, so muß dieser mit dem Ganzen übereinstimmen. Das gilt auch für den Bezug von Körperteilen und Gewand (vgl. Farbtafel 7).

Die Handpuppe »Alte Dame« (Farbtafel 4) ist insgesamt differenzierter und naturalistischer durchgestaltet als die Fadenmarionette »Gewichtheber« (Farbtafel 20).

Auch die Gestaltung einer Figur verlangt die geschlossene Komposition der Gesamtform. Elemente wie Farben, Texturen und Muster werden aufeinander abgestimmt sowie Spannung und Ausgleich gesucht.

Ausdrucksformen des Kopfes

Die formale Anordnung der Elemente eines Kopfes ergibt jeweils einen spezifischen Ausdruck. (Bei Tieren wird der menschliche Ausdruck häufig imitiert.) Es ist sinnvoll, den Mund nicht geöffnet (sprechend) auszubilden, damit genügend Variationen des sprachlichen Ausdrucks möglich sind. In Form einfacher Bleistiftskizzen können wir uns vor der Fertigungsarbeit einen Ausdruck »notieren«. Steinmann schlägt dabei eine additive Methode mit folgender *Übung* vor[27]:

Vorderansicht
1 Es wird eine Reihe Kreise gezeichnet, sie sind unterschiedlich mit Augen (Punkten) und Mund (Punkten oder Strichen) zu versehen. Die verschiedenen Anordnungen ergeben unterschiedliche Formen des Ausdrucks, Alters und Typs.
2 An eine weitere Reihe von Kreisen wird eine bestimmte Nasenform in unterschiedlicher Höhe angesetzt. Das kann mit anderen Nasenformen wiederholt werden.
3 An einer weiteren Reihe werden verschiedene Frisuren ausprobiert.

Seitenansicht
4 Die Kopfform kann statt aus einem Kreis auch aus einem Oval oder aus einer Kreis-Oval-Kombination bestehen. Hierzu werden Übungen mit Hilfe von Transparentpapier empfohlen. Die einzelnen Formen (Kreis, Oval) werden übereinander gelegt und so lange verschoben, bis die gewünschte Form entsteht.

5   Augenform und -anordnung signalisieren den Typ und den Charakter.
6   Mundbreite-, -form und -richtung geben Aufschluß über die Gemütslage.
7   Frisuren und Kopfbekleidungen lassen Geschlecht und soziale Merkmale erkennen.

Wollen wir einen bestimmten Typ und einen spezifischen Ausdruck darstellen, so können wir einige der beim Zeichnen gefundenen Elemente zusammenstellen. Bei diesem »Addieren« brauchen nicht unbedingt alle Elemente eines Kopfes dargestellt zu werden. Wenn sie für den beabsichtigten Ausdruck nicht wichtig sind, wird durch das Auslassen dieser Teile die Wichtigkeit der übrigen betont. Beim »Gewichtheber« sind nur die Haare appliziert (Kopfhaar, Schnurrbart, Brusthaar), sie symbolisieren männliche Stärke (Farbtafel 20). Das kann auch an den folgenden *Beispielen* gezeigt werden:

Handpuppe »Alte Dame« (Farbtafel 4)
Die wesentlichen Ausdrucksformen des Kopfes bestehen in: Gesichtsfalten, Tränensäcken, frömmelndem Augenaufschlag, schmal-lippigem Mund, geringeltem Haar. Die gewählten Materialien ermöglichten die beabsichtigte Wirkung. Die weiße Farbe der Stretch-Strumpfhose läßt das Gesicht gepudert erscheinen, verstärkt durch die Andeutung der Schminke (Herzmündchen aus Filz und rote Bäckchen, aufgemalt mit Lippenstift).

Spielpuppe »Großmutter« (Abb. 116)
Hutform, weiße Haare, hageres Gesicht mit kleiner Kinnpartie (Zahnlosigkeit) und dünnen Lippen charakterisieren das Alter, unterstützt durch Brille und sonstige Assessoirs. Der melancholische Gesichtsausdruck wird vor allem durch die Stellung der Augen bewirkt.

Kordelmaske »Teufel« (Farbtafel 19)
Bei der Realisierung des Teufels mußte überlegt werden, worin die optische Ausdrucksform des Teuflischen besteht. Ähnlich wie bei dem Ausdruckstyp »Hexe« sind es allgemein als negativ angesehene menschliche Merkmale, die in ihrer Gesamtheit den Ausdruck »Hexe« bzw. »Teufel« hervorrufen.

Äußere Merkmale haben in der jeweiligen gesellschaftlichen Gruppe eine bestimmte Bedeutung, sie sind konventionell geprägt. Sie lassen sich in Eigenschaften übersetzen, wie auch umgekehrt diese Eigenschaften durch äußere Merkmale ausgedrückt werden können. Als »teuflische« Eigenschaften werden angesehen: böse, listig, zynisch, häßlich, furcht-

116 Spielpuppe »Großmutter«: Mit einem ausgestopften Strickstrumpf und in Quilting-Technik wurde der spezifische Gesichtsausdruck erzielt

erregend, gefährlich, dämonisch. Die übertragbaren (menschlichen) Merkmale sind: engstehende, schielende und stechende Augen, zusammengewachsene Augenbrauen, lange und dünne Nase, nach unten geformter Mund, spitze und fehlerhafte Zähne, abstehende Ohren, wildes, unordentliches Bart- und Haupthaar, Hörner, die Farben Rot (Feuer) und Schwarz (Nacht), Unsymmetrie.

Ausdrucksformen des Körpers

Die »Hund«-Marionette aus Hirtenteppich-Stücken (Abb. 115) zeigte, daß eine Ausdrucksabsicht mit einer Materialidee treffend zu realisieren ist, wenn geeignetes Material gefunden wird. Manchmal ist dieser »Findungsprozeß« – bei ausgefallenen und ungewohnten Figuren – etwas »holpriger«. Häufig ist es sinnvoll, den gesuchten Ausdruck mit Hilfe der textilen Techniken herzustellen. Wir unterscheiden daher im Vorgehen danach, ob wir fertig vorgefundenes Material in Muster, Struktur und

Farbe so verwenden oder nur geringfügig verändern (z. B. färben) oder ob wir das betreffende Teil selber herstellen durch Verändern von Flächen (Druck- und Färbeverfahren, Besticken und Applikation) oder durch Herstellen von Flächen (Weben, Stricken, Häkeln, Knüpfen, Flechten). In vielen Fällen ist die Kombination die günstigste Lösung.

Eine weitere »Hund«-Marionette wurde in verschiedenen textilen Techniken realisiert (vgl. Farbabb. Umschlagrückseite). Während beim Hund aus Hirtenteppich der Ausdruck im Zottelig-Frechen besteht, stellt diese das naive, brav hinter seiner Herrin hertippelnde Schoßhündchen dar. Entsprechend sind die Ausdrucksmerkmale »verspielt« mit Perlen, Zöpfen und Flechten, »vertätschelt« mit einer eigens gewebten Rückendecke und mit Beinchen aus Kordel verwirklicht.

Für das Figurenspiel ist eine Übertreibung der Eigenschaften, die den Typ und seine Handlungen kennzeichnen sollen, immer anzustreben. Die den »Gewichtheber« (Farbtafel 20) kennzeichnenden Merkmale eines Kraftprotzes sind das dominierende Oberteil mit breiten Schultern und muskelbepackten Armen, enge Taille und kurze, krumme Beine. Altmodischer Schnäuzer und rotes Ringel-Trikot kennzeichnen ihn als Varieté- oder Zirkus-Künstler.

Bewegungsaussagen des Körpers

Zu dem Aussagegehalt von Form und Material tritt die Bewegungsaussage einer Spielfigur. Die Bewegungen der Katze, wie sie sich putzt, anschleicht, einrollt usw. läßt sich auch ohne formale und materiale Mittel in Form der Pantomime nachahmen. Das zeigt, daß die Bewegungsaussage eine separate Ebene darstellt. Auch dabei können die typischen Ausdrucksformen übersteigert werden. Die Bewegungsabläufe müssen beim Gestalten einer Spielfigur mit eingeplant werden. Die Bewegungsaussage hat außerdem die Spielrolle innerhalb einer Handlung zu berücksichtigen. Allerdings auch der umgekehrte Weg ist möglich: Beim Zusammenfügen von Teilen kommt uns eine Idee für eine Variante der Spielhandlung.

Fadenmarionette »Gewichtheber Emil« (vgl. Farbtafel 20)
Die Marionette spielte innerhalb eines Programms, bestehend aus einzelnen Zirkusnummern, eine Solo-Nummer[28].
1. Hebeakt: Emil betritt die Zirkus-Arena und beginnt unter Trommelwirbeln, das Gewicht mit zwei Scheiben zu stemmen. (Funktionen: Die Arme werden mit starkem Draht mitsamt dem Gewicht hochgezogen, die krummen Beine gehen auseinander.) Nach dem Stemmakt läßt Emil das Gewicht fallen und setzt sich erschöpft. (Funktion: Der Kopf sinkt auf die Brust.)
Zwischenspiel: Ein Mitspieler kommt mit einem Eimer Wasser vor die Bühne, wischt ihm mit einem Schwamm den imaginären Schweiß ab und steckt zwei weitere Scheiben auf.
2. Hebeakt: wie 1
3. Hebeakt: Emil versagt und läßt das Gewicht mit den 6 Scheiben auf halber Höhe zu Boden fallen. Emil ist deprimiert. (Funktion: Der Kopf sinkt tief auf die Brust.)
Zwischenspiel: Ein Hündchen trippelt auf die Bühne, schnuppert an Emil und an dem Gewicht, packt das Gewicht mit der Schnauze und verläßt unter Beifall die Arena (»Bravo«-Schilder). Es kommt zurück und zieht den erschöpften Versager am Ohr aus der Arena (Anlehnung an Stierkampf-Abschluß).

Spielpuppen und -tiere

Die Spielwarenabteilungen der Kaufhäuser bieten sie in reicher Auswahl an: sauber und ordentlich, da maschinell hergestellt. Von Ausnahmen abgesehen, sind es immer die gleichen Tiere und menschlichen Gestalten, die in den Kinderzimmern die »Familie« bilden. Beliebt sind Märchen- und Geschichtenfiguren, und als Schlafpuppe oder Schlummertier ist der Teddybär nicht zu verdrängen.

Kleine Kinder lieben ihre Schlafpuppe und ihre Spielpuppen unabhängig davon, ob sie perfekte Erzeugnisse darstellen; je eigenwilliger, desto unverwechselbarer sind es ihre eigenen. Der Erwachsene, der für sein Kind eine Spielpuppe oder ein Spieltier anfertigt, sollte das beherzigen. Kinder haben genügend eigene Phantasie, auch eine abstrahierte Gestaltung in ihre eigene Welt einzubeziehen. Die originelle eigene Gestaltung ist dabei immer noch viel besser als die Nachahmung vorhandener Klischees.

Spielfiguren

Bemerkungen zum Figuren-Theater

In der Vergangenheit wechselten die Bedeutung und das Publikum des Figuren-Theaters. Es diente sowohl zur Unterhaltung des Adels als auch des niederen Volkes – immer aber waren Kinder als engagierte Zuschauer dabei.

Das Kleinkind spielt bereits mit seinen Fingern »Figuren-Theater«, indem es ihnen Namen gibt und sie miteinander agieren läßt. Als Variante dieses Fingerspiels macht es erste Erfahrungen mit dem Schattenspiel: die spielenden Hände als Schattenfiguren auf der Wand.

Selbst die Marionette taucht bereits beim Spiel der Kinder auf. Ein Gegenstand (z. B. Löffel) wird an einem Faden aufgehängt und auf diese Weise geführt. Die kindliche Phantasie weist dem Gegenstand eine Rolle zu und belebt ihn mit Eigenschaften, es »beseelt« ihn. Die Improvisation provoziert die Phantasie und verlockt zum Erfinden, beim Spieler und Zuschauer gleichermaßen. »Nicht *die* Puppe ist die vollkommenste, an der mit großer Perfektion und technischem Können ein Naturvorbild (meistens der Mensch) nachgeahmt worden ist. Diese verbaut nur beim Spieler wie beim Zuschauer die möglichst breite Entfaltung der schöpferischen Phantasie.«[29]

Psychologische und psychoanalytische Untersuchungen weisen das menschliche Spielen als Urtrieb nach. Beim darstellenden Spiel und Figurenspiel folgt der Mensch (vor allem das Kind) dem natürlichen Spieltrieb; dabei wagt er das zu sein, was er sein möchte, »ohne Gefahr zu laufen, sich bloßzustellen und die innere Unsicherheit gewahrwerden zu lassen«[30]. Während des Spiels wächst das Kind in seine Rolle hinein. Hemmungen und Verkrampfungen lösen sich, und es kann seine innere, unbekannte Seite entfalten. Darin liegt auch die Bedeutung des Figuren-Theaters für Heilpädagogik und Sprachtherapie.

Lehr- und Lernbares kann hier nur verkürzt zusammengestellt werden:

– Wecken der Phantasie, Abbau von Barrieren, Hemmungen und Fixierungen,
– Üben des technischen Verständnisses durch Problemlösungen,
– Umsetzung von geistigen Inhalten in Handlungen,
– Lösung formaler Fragen,
– Üben im Umgang mit Material und Werkzeug,
– soziales Lernen: Üben von Unterordnung, Zusammenarbeit, Verständnis,
– Üben der Handfertigkeit (Spiel).

117 Handpuppe »Vogel«: Die Finger greifen in den Schnabel und bewegen ihn

Das textile Material hat seine eigenen formalen Ausdrucksmöglichkeiten und Gesetzmäßigkeiten, die im folgenden bei der Herstellung von Spielfiguren gezielt genutzt werden. Da ihre Herstellung unterschiedlich schwierig ist, sollte sie auf die verschiedenen Altersstufen und Schularten abgestimmt werden.

Finger- und Handpuppe

Die *Fingerpuppe* besteht in der Hand des Spielers. Kopf und andere Ausdrucksmerkmale werden aufgesetzt, angebunden, angeklebt oder aufgemalt. Diese simple Spielform lebt von der Ausdruckskraft der sich bewegenden Hand. Der Spieler kann mit seinen beiden Händen Spielhandlungen mit zwei Spielfiguren durchführen.

Die *Handpuppe* wird mit Daumen, Zeige- und Mittelfinger der Hand gespielt. (Am volkstümlichsten und bekanntesten sind die Kasper-Figuren.) Der Zeigefinger steckt im Kopf der Figur, die beiden anderen in je einem Arm. Das Gewand ist ein am Hals befestigtes Tuch, das dem Typ entsprechend ausgestaltet ist.

Es verdeckt gleichzeitig den Arm des Spielers. Die Grundform des Kopfes kann aus allen möglichen Materialien bestehen (Pappmaché, formbares Plastikmaterial, Styropor u. a.). Bei der Handpuppe »Alte Dame« (Farbtafel 4) besteht er aus einem Papp-Osterei. Wichtig ist, daß der Kopf fest auf dem Finger sitzt. Er sollte überproportional groß sein. Socken und Strümpfe sind dankbare Materialien zum Überstreifen (vgl. Farbtafel 20, Abb. 116, 119).

Bei einer anderen Handpuppenform greifen die Finger in den bewegbaren Mund und schließen bzw. öffnen ihn. Die Ausdrucksgesten der Arme fallen dabei natürlich weg, so daß dem Mundausdruck ein besonderes Gewicht gegeben werden sollte. Es kommt im Einzelfall auf das Dargestellte und seine Rolle an: Ein Krokodil wird den Rachen aufreißen. Wenn wir einen Socken aufschneiden und Gaumenteile einnähen, so lassen sich aus ihm zahlreiche Tierformen gestalten (Abb. 117).

Stock- oder Stabpuppe

Bei dieser Figurenform wird der Kopf statt auf den Finger auf einen Stock gesteckt. Der Stock begrenzt die Bewegungsmöglichkeiten: Die Puppe kann hin und her, auf und ab und drehend bewegt werden. Um diesen Nachteil auszugleichen, können Einzelteile der Figur beweglich gestaltet werden. Einfachste Formen sind Schnüre, Bänder und andere lose Teile, die beim Bewegen mitschwingen. In differenzierter Form werden einzelne Gliedmaßen wie Arme und Beine beweglich gehalten, indem die einzelnen Glieder aneinandergefügt werden und bei jeder Bewegung mitschwingen. In der Regel wird ein Arm mit einem weiteren dünnen Stab geführt (Kölner Hänneschen).

Die einfache Grundform einer Stockpuppe besteht aus dem Führungsstab für den Kopf und einem am Hals befestigten Tuch.

Stockpuppe »Inkakönig« (Abb. 118)
Eine Styroporkugel (Ø = ca. 10 cm) wurde auf einen Rundstab gesteckt. Dabei ist die Einsteckstelle etwas nach hinten verschoben, damit eine etwas vorgeschobene und nach unten gerichtete Kopfhaltung erzielt wird. (Die Figur blickt sonst über die sitzenden Zuschauer hinweg.) Eine Papprolle (Toilettenpapier-Rollenkern) dient als Hals.

118 Stockpuppe »Inkakönig«: Mit einem Strickstrumpf überzogene Styropor-Kugel. Ein quadratisches Tuch wurde reich appliziert und dient als Gewand, 100 cm hoch (vgl. Abb. 119)

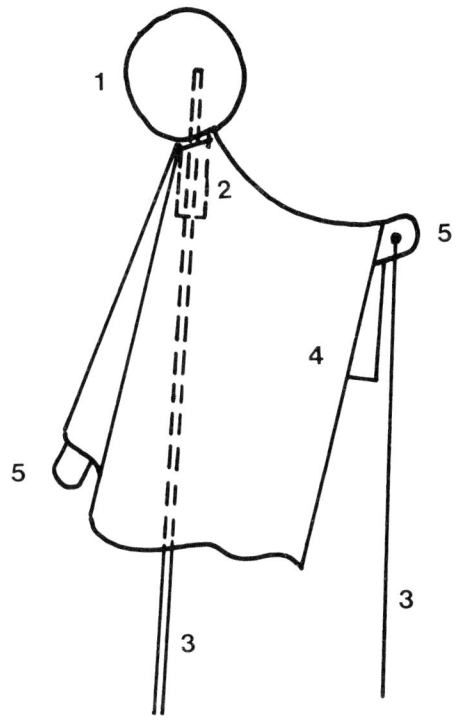

119 Einfaches Gerüst einer Stockpuppe: 1 Styropor-Kugel – 2 Papprolle – 3 Führungsstäbe – 4 Tuch (Gewand) – 5 Hände

Die Charakterisierung des Typs sollte vor allem durch die Auswahl und dekorative Ausgestaltung des Tuches hergestellt werden. Ein Jacquard-Gewebe mit ornamentalen Mustern und in goldfarbener Wirkung wurde als Grund gewählt. Das Tuch wurde an einer Seite ca. 20 cm umgeschlagen und an der Mitte der Einschlagkante an der Papprolle befestigt. Läßt man das Tuch herabhängen, so lassen sich an beiden Seiten Hände annähen. Ein auf diese Weise improvisierter Arm wurde mit einem zweiten Stab führbar gemacht (vgl. Abb. 119).

Fadenmarionette

Sie wird von oben gespielt: Die Puppe hängt an verschiedenen Fäden (Zwirn oder Perlon), die vom Zuschauer kaum wahrgenommen) werden, und kann – je nach Technik – sehr komplizierte Bewegungen durchführen. Während Spieler und Spielfigur bei den Hand- und Stockpuppen eine körperliche Einheit bilden, ist die Marionette vom Spieler losgelöst. Sie kann frei im Raum schweben, sich verwandeln, erscheinen und verschwinden. Diese Eigenschaften verleihen dem Marionettenspiel etwas Traumhaftes und Unwirkliches. Die Marionette verfremdet das Leben, das sie darstellt, durch diese Distanz zeichnet sie den Charakter des Dargestellten um so deutlicher. Das Spielen mit der Marionette verlangt eine gewisse Fingerfertigkeit, die nur durch Üben erreicht wird. Allerdings kann jeder sich den Schwierigkeitsgrad der Herstellung und des Spiels selber aussuchen. In einem Stück, in dem mehrere Spieler benötigt werden, können die Rollen nach unterschiedlichen Fertigkeiten der Spieler verteilt werden, so daß auch Kinder eine Rolle übernehmen können.

Die einfachsten Formen der Marionetten sind *Zappelpuppen* (Einfaden-Marionetten) und *Tuchmarionetten*. Bei der Zappelpuppe wird nur ein Faden am Kopf befestigt, und durch Wippen des Fadens zappeln die locker hängenden Arme und Beine.

Die Tuchmarionette kann wie die Stockpuppe aus Kopf und Tuch angefertigt werden, wobei der Kopf und beide Hände an Fäden hängen.

Bei der *Gliedermarionette* haben ein bis zwei Fäden die Aufgabe, den Körper zu tragen und zu bewegen, die übrigen Fäden führen die Bewegungen einzelner Körperglieder aus. Die Tragefäden werden bei menschlichen Figuren an den Schultern (vgl. Farbtafel 20), bei Tiermarionetten am Rumpf befestigt (vgl. Farbabb. Umschlagrückseite und Abb. 114, 115).

Die Führungsfäden des »Gewichthebers«, im ganzen 8, haben die Aufgabe, den Kopf auf die Brust sinken zu lassen (2 Fäden), die Arme zu heben (2 Fäden) sowie die Beinbewegungen durchzuführen (4 Fäden).

Befestigt sind die Fäden am Fadenkreuz (auch: Spielkreuz), das in unterschiedlicher Form gefertigt werden kann (Kreuz, Kleiderbügel, Rahmen u. a.). Es ersetzt die Hand, die die vielen Fäden nicht alle halten kann. Wenige Fäden können auch mit Schlingen an den Fingern angehängt werden, so daß die Marionette direkt mit der Hand gespielt wird. Beim Spiel wird das Fadenkreuz (oder die Hand) in Höhe der Hüfte gehalten.

Wir stellen die Marionette experimentell her. Wir probieren Materialien danach aus, wie sie sich verhalten, wenn wir sie am Faden pendeln, zappeln oder wippen lassen. Halten wir eine bestimmte Geste für geeignet, übertragen wir sie auf den Mechanismus. Wir erfinden Verbindungsformen und Bewegungshilfen. Das Wippen kann z. B. von einem Gummi unterstützt werden, an dem der Faden angebunden wurde. Wichtig ist, für die Füße schweres Material zu nehmen (Fimo), damit die Beine auspendeln können.

Die Beschreibung beschränkt sich auf das Wesentliche und Typische des Marionettenspiels und der -herstellung, für technische Feinheiten sollte entsprechende Fachliteratur herangezogen werden (vgl. *Literaturhinweise*).

Schattenspielfigur

Schattenspielfiguren sind flächige Figuren, die dem Scherenschnitt vergleichbar sind; einzelne Teile werden dabei beweglich und verschiebbar angefertigt. Ähnlich einer menschlichen Figur, die sich hinter einem Vorhang bewegt, wird sie nur als Schattenumriß sichtbar, wenn sich eine Lichtquelle dahinter befindet.

Während das Puppenspiel sich unmittelbar an den Zuschauer wendet – Spieler und Puppe werden als identisch erlebt und kommunizieren auf der Ich-Du-Ebene direkt mit dem Publikum –, ist die Distanz Spieler – Zuschauer beim Schattenspiel größer, weil nur das Abbild der spielenden Figur sichtbar ist. Sie agiert *hinter* der Leinwand, und sie ist zweidimensional (flächig). Diese Abstraktion der Wirklichkeit erfordert ein hohes Maß an Phantasie. Für den Hersteller einer Schattenspielfigur

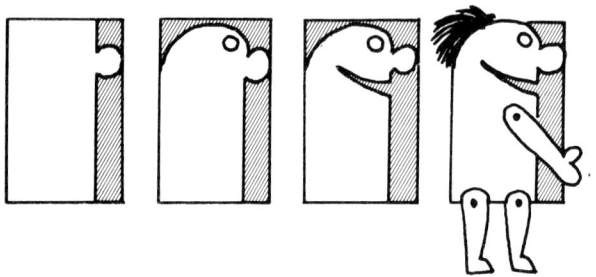

120   Einfache Schnittformen beim Entwickeln einer Schattenspielfigur

bedeuten diese Voraussetzungen, daß er die Figur mit wenigen, aber charakteristischen Merkmalen versieht.

Beim Entwerfen einer Figur arbeiten wir am besten direkt mit der Fläche: Wir schneiden einzelne Formen aus der Hand, d. h. ohne Vorzeichnung (Papier, Karton). Wir prüfen die Wirkung der Formen, indem wir sie gegen das Licht halten (z. B. Fensterscheibe), und wir verändern, wenn erforderlich, durch Wegschneiden oder Hinzufügen. Erst danach übertragen wir die Formen auf feste Pappe, die zur Herstellung der Figur dienen soll (vgl. Abb. 120).

Für den Bewegungsmechanismus sind Ausdruckshaltungen, die Kennzeichen für das Darzustellende sind, maßgeblich. Dazu kommen rollenbedingte Bewegungsabläufe.

Nicht-transparentes Material (Pappe) ergibt ein schwarzes Abbild der Figur. Mit transparenten Materialien können die Figuren farbig gestaltet werden. Dazu benötigen wir ein Stabilisierungselement, etwa eine Form aus starkem, farblosem Astralon, auf das transparente Farbflächen mit Alleskleber aufgeklebt werden. Wir können aber auch aus der Pappe Flächen, Linien oder Punkte herausschneiden und die transparenten Materialien von hinten gegenkleben. Textile Materialien eignen sich dazu besonders gut: Gemusterte Stoffe tragen zur Typisierung der Figur bei, Gardinen, Tüll und anderes grobastriges Material ergeben reizvolle grafische Strukturen. Lose hängende Kordelstücke als Beine, ausgefranstes Jutegewebe für die Haare, Gardinenstücke als Rocksaum u. a. ergeben weitere Einsatzmöglichkeiten der Textilien.

Tageslicht-Projektion

In den meisten Schulen wird als Unterrichtsmedium der Tageslicht-Projektor eingesetzt, bei dem auf Klarsicht-Folien geschrieben wird, wobei gleichzeitig der geschriebene Text auf einer Wandfläche vergrößert erscheint. Dieser Apparat kann zweckentfremdet werden, indem er für eine Form des Figurenspiels eingesetzt wird.[31]

Transparente textile Materialien werden gesammelt und auf ihre Projektionswirkung (Transparenz und Strukturierung) und ihren Verfremdungseffekt (Überdimensionalität) untersucht.

Aus zusammengestellten Materialien können Spielfiguren entwickelt werden, mit farbigen Filzschreibern kann weiter differenziert werden. Die beweglichen Teile erhalten Gelenke aus Tesafilm und Führungsstäbe aus Draht. Die übrigen Teile werden mit Alleskleber zusammengeklebt.

Beim Spielen werden die Teile der Figur ihrer Rolle entsprechend bewegt: z. B. können zwei Figuren einen Streit-Dialog führen.

Figurenbau und Spieltechnik dieser improvisierten Spielform sind ohne größeren Vorbereitungs- und Materialaufwand zu bewältigen, da keine Bühne benötigt wird und wegen des kleinen Formats nur Materialreste gebraucht werden.

Maske und Rollenspiel

Die Maske ist ihrem Ursprung nach ein Kultgegenstand. Mit ihr wurden bestimmte Wesen dargestellt und verkörpert, die dem Träger Schutz vor Dämonen boten oder ihn zu Beschwörungen befähigen sollten. Da es sich meist um mythische Wesen einer religiösen Vorstellungswelt handelte, bestanden sie nicht in der natürlichen Abbildung von Konkretem, sondern waren im Rahmen einer jeweiligen Tradition mit bestimmten Motiven und

121 Maske: Wolle auf Jutegewebe, Muscheln, getrocknete Früchte, plastische
Webtechnik, 40 x 22 cm

Symbolen frei erfunden. Sie verleihen den Masken der Naturvölker das phantasievolle Aussehen, wie wir es in völkerkund-
lichen Museen bewundern können.

Im Theater ist die Maske ebenfalls kultischen Ursprungs, und
sie dient auch heute noch zu Verfremdungszwecken. Im Karne-
val oder Fasching und in anderen Volksfesten leben Reste dieser
Tradition im »Mummenschanz« fort.

Wenn wir heute Masken herstellen, dann lehnen wir uns an eine
dieser Formen an. Die kultische Maske reizt zur Nachahmung
wegen ihres Formen- und Materialien-Reichtums. Pflanzliche
und tierische Naturfasern, Muscheln und sonstige Natur-Mate-
rialien wurden von den Naturvölkern reichlich verwendet. Wir
gestalten heute Masken als ästhetische Objekte (Wandschmuck).
Textile Techniken ermöglichen es uns, plastisch zu arbeiten. So
wurden bei der Maske in Abbildung 121 einzelne Partien
(Mund, Nase, Augen) in plastischer Webtechnik hergestellt.

Bei einer Kopfmaske wurden auf eine angefertigte Kopfform
unterschiedliche textile Flächen appliziert und durch Besticken
bereichert (Abb. 122). Eine geschlossene Maske hat die Nach-

122 Maske: Bestickte Flächenapplikation

teile, daß sie nur begrenzte Sicht nach außen gewährt, man leicht schwitzt, und verbale Äußerungen nicht so gut wahrnehmbar sind.

Mit der Kordelmaske (vgl. Farbabb. 19) werden diese Nachteile aufgehoben. Sie ist leicht, die Sicht ist nach allen Seiten offen, und die Wärme staut sich nicht.

Bei der Karnevalsmaske »Teufel« wurde ein großer starker Luftballon mit roter Sisalkordel umwickelt, wobei unten eine Öffnung für den Kopf gelassen wurde, und mit Weißleim (Ponal) »satt« eingestrichen (vgl. Farbtafel 19). Der Weißleim trocknet klar auf. Nach dem Trocknen und Härten der Form aus Sisalkordel wurde der Ballon zum Platzen gebracht. Dann wurden die inzwischen angefertigten Teile angenäht. Die Nase besteht in einem roten Kindersocken, der mit verdünntem Leim durchtränkt und auf »Nasenform« gebracht wurde. Ein roter, bis zur Erde reichender Umhang und schwarze Glacéhandschuhe mit Krallen, aus einem Joghurt-Becher geschnitten, vervollständigen das Kostüm.

Textile Bild-Objekte im Wohnraum

Unsere Zeit ist geprägt durch Automation und Computer, durch eine laute und kalte Arbeitswelt und durch einen nüchternen, eintönigen Alltag. Der Spielraum der Freizeit wird größer, die Wohnung als Daseinsraum erhält ein erhöhtes Gewicht. Wie sieht dieser Wohnraum heute aus? Häufig sind es »Wohnmaschinen« in Satellitenstädten mit nackten und nüchternen Betonwänden.

Dem Bedürfnis nach Ausgleich, Ruhe und Wärme kann die Textilie mit ihren vielfältigen Ausdrucksmitteln entgegenkommen. Leider sieht die Wirklichkeit in den Wohnungen anders aus: Vorhänge, Teppiche u. a. stammen aus der Massenproduktion, für die Dessin und Struktur lediglich Teile einer Gewinnrechnung darstellen. Gestalten mit Textilien wird zu einer Kostenfrage für den Käufer.

Dem Bedürfnis nach Wärme und Geborgenheit läßt sich mit der eigenhändigen Herstellung textiler Arbeiten für den Wohnbereich entgegenkommen. In flächenbildenden Techniken, die auch größere Formate ermöglichen, läßt sich dekorativer Wandschmuck gestalten. Ein Gespür für gute, zeitgemäße Form stellt ihn in die Nähe der Produkte der modernen Kunst. Mit ihr hat der textile Wandschmuck die reinen Farben und den Strukturenreichtum gemeinsam.

Textiles Gestalten läßt sich jedem vermitteln, der sich zu eigen-schöpferischem Arbeiten motivieren läßt. »Handreichungen«, wie sie mit diesem Buch gegeben wurden, sollten ihn dazu ermuntern, es mit einer oder verschiedenen textilen Techniken zu versuchen. Wenn die Begeisterung für das Material und seine Verarbeitung einmal geweckt ist, stellen sich gute und bessere Arbeiten von selber ein.

Die historische Entwicklung einiger textiler Techniken

Die textilen Techniken sind in den einzelnen Kulturen ebenso differenziert und vielfältig wie die Formen der textilen Kleidung und Wohngegenstände. Ihnen gemeinsam sind Grundformen der Techniken, wie sie in diesem Buch beschrieben wurden. Die Beschreibung der historischen Entwicklung beschränkt sich daher auf Tendenzen, die für den europäischen Raum von Bedeutung sind. Die Reihenfolge der Beschreibung folgt der Gliederung des Kapitels *Die textilen Techniken*.

Weben

Die Ursprünge der Webtechnik entwickelten sich aus einfachen menschlichen Bedürfnissen. Kleidung wurde zunächst aus Pelzen und Häuten gefertigt. Man mag bald erkannt haben, daß sich tierische Haare pressen lassen und Filze ergeben und daß sich aus Fellstreifen Matten flechten lassen. Durch Drehen von Haaren und Fasern erhielt man Fäden, mit denen sich Gurte und Netze anfertigen ließen. Größere Flächen wurden mit Sprangarbeiten erzielt, wobei breit angelegte Fadensysteme (Kette und Schuß) ein diagonales Raster bildeten. Aus dieser Vorform entwickelten sich die Webtechniken. Webarbeiten dienten den Nomadenvölkern als Kälteschutz (Umhänge, Decken, Auskleidungen von Zelten). Als sie mit Musterungen versehen wurden und sich den menschlichen Körperformen stärker anpaßten, wurde zusätzlich dem Schmuckbedürfnis der Menschen entsprochen.

Die Webtechnik entwickelte ihre eigenen künstlerischen Ausdrucksmöglichkeiten in der Bildweberei bzw. -wirkerei. Die Schußfäden wurden in vielfältigen Farben und Farbnuancen gefärbt, um feinste Farbtonabstufungen zu erzielen. (Seit dem 16. Jahrhundert werden sie nach einer französischen Färbefamilie mit »Gobelin« benannt.) Verwendet wurden Woll- und Seidengarne, zum Teil auch Fäden aus Silber und Gold. In künstlerisch-wertvollen Ausführungen dienten sie als Flächendekoration dem Schmuck der Wände und Säulengänge von Palästen und Tempeln. Im Mittelalter wurden die Kirchen mit gewirkten Teppichen geschmückt: als Behänge der Apsiden, als Vorhänge anstelle von Trennwänden und als Wärmeschutz an

Gestühlen. Die europäische Wirkkunst entwickelte sich vor allem in Flandern, in den Niederlanden und in Frankreich (Burgund). Ihren Höhepunkt in Europa erreichte sie im 14., 15. und 16. Jahrhundert.

In der franko-flämischen Bildwirkerei (Flandern und nördliche Provinzen Frankreichs) wurde das Problem gesehen zwischen einem rein flächenbetonenden Dekorationsstil (»Tapetenstil«) und der Nachahmung von Malereien. Dieses Problem durchzieht die Entwicklung der Teppichwirkkunst durch alle Jahrhunderte und führte mehrmals zum Stilverfall, wenn das Dekorative oder das Nachahmen der Maltechnik übertrieben wurden. Die gewirkten Teppiche aus dem flämischen Bereich mit dem Zentrum Brüssel berücksichtigten beide Ausdrucksformen. Erst in der Spätrenaissance kam es hier mit den Abbildungen naturalistischer Motive in räumlicher Wirkung zu einem Stilverfall.

In Frankreich wurde die Bildwirkerei seit dem 14. Jahrhundert von kunstbegeisterten Königen gefördert. In der Tourraine entwickelten sich Wirkerei-Zentren. Die Darstellungen zeigen Stilelemente der französischen Spätgotik und der Frührenaissance. Ein Stilmerkmal ist die Darstellung von dichtem Blumenwuchs. Mitte des 16. Jahrhunderts entstehen die Blütenteppiche (»Millefleurs«-Teppiche), deren Fonds tapetenartig mit naturalistischen Blumenstauden gleichmäßig bedeckt sind. Sie bildeten biblische Motive, historische Darstellungen, höfisches Leben und Jagdszenen ab. Einen Höhepunkt stellen die sechs Behänge der »Dame mit dem Einhorn« dar. Als man die realistische Wiedergabe von Figuren, Tieren, Pflanzen und Landschaften übertrieb, geriet die Bildwirkerei auch hier mit ihren technischen Voraussetzungen in Widerspruch. Das typisch Dekorativ-Flächige wurde vernachlässigt zugunsten der Nachahmung von Gemälden.

In Deutschland wurden in der Romanik die großen Mauerflächen in Kirchen und Burgen mit Wirkteppichen bedeckt. In der Gotik fertigte man kleine und einfache, in ihrer Form länglich-schmale Bildteppiche an, die vor allem den Bürgerhäusern als Schmuck dienten. Die Könige und Fürsten bezogen die Wirkteppiche aus dem Ausland, vor allem aus den Wirkereien der Niederlande, Flanderns und Frankreichs.

Im 15. Jahrhundert bildeten sich in Deutschland Wirkerei-Zentren am Oberrhein, am Mittelrhein und in Franken.

Die Bildteppiche übernahmen in der Renaissance deren Stilelemente: Symmetrie, Harmonie, Schönheit des menschlichen Körpers, räumliche Tiefenwirkung durch Perspektive.

Im Jahre 1604 wurde in München die erste deutsche Gobelin-Manufaktur nach niederländischem Vorbild gegründet. Es entstanden pompöse Bilder mit Kriegsschlachten, Festen und mit Abbildungen reichgeschmückter Brokatgewänder, von Waffentrophäen und Wappen.

Ende des 17. und Anfang des 18. Jahrhunderts erlebte die Bildwirkerei im deutschen Raum eine neue Blütezeit. An den Höfen der absolutistischen Fürsten wurden Manufaktur-Zentren errichtet. Die Gestaltung bediente sich der Form- und Stilelemente des Barock: Darstellungen von Putten, Nymphen und Göttern, verspielte Formen, zarte Farben und plastische Durchbildungen. Übertrieben wurden diese Elemente im Rokoko. Die Farbauswahl reichte bis zu tausend Nuancen.

Industrialisierung und Technisierung im 19. Jahrhundert erlaubten es, Wirkteppiche in Maschinentechnik herzustellen. Unechte Gobelins wurden als Massenprodukte angeboten, seitdem Jacquard-Gewebe (bezeichnet nach dem Franzosen J. M. Jacquard, der 1805 eine spezielle Webmaschine erfand) hergestellt wurden. Dazu kamen Druckgobelins und Gobelins, die auf ripsbindiges Gewebe gemalt wurden. Im Jugendstil wurde der Versuch unternommen, diesem Verfall entgegenzuwirken. Die Überbetonung des Dekorativ-Flächigen geriet jedoch in die Nähe des rein Handwerklichen.

Die gegenstandslose Malerei brachte auch für die Wirkerei eine Erneuerung. Unter ihrem Einfluß wurde der Ausdruck der Farbe als Gestaltungsmittel verstärkt eingesetzt. Bedeutende Vertreter sind J. Lurcat (Frankreich), A. Kybal (Tschechoslowakei) und E. Hablik (Deutschland).

Sticken

Es darf angenommen werden, daß das Sticken sich aus der einfachen Naht entwickelt hat. Die Stiche wurden Gestaltungsmittel, als man zum Nähen unterschiedliche Farben und verschiedene Stichformen einsetzte, die neben ihrer zweckfunktionalen Bedeutung das Kleidungsstück schmücken sollten. Erste Formen von Stickereien mögen Borten und Zierleisten gewesen sein, deren Ornamentik an spätere Generationen weitergegeben wurde.

Im Mittelalter wurden Stickereien von adeligen Frauen an den Höfen hergestellt. Mägde unterstützten sie mit einfacheren Arbeiten. In Klöstern wurden sakrale Gewänder (z. B. Ornate) von Nonnen gestickt. In leinenbindiger Stichform suchte man die Webnadel nachzuahmen.

Die Überlieferung der Stichtechniken erfolgte mündlich und praktisch von Generation zu Generation. Nach der Erfindung des Buchdrucks erschienen Stickmusterbücher mit gedruckten Stickvorlagen. Daneben wurden Mustertücher erstellt, die als Arbeitsvorlagen für Technik und Musterung dienten. Die auf diese Weise überlieferten Motive wiederholten sich auf Wäschestücken und Trachtenkleidung der späteren Generationen. In der Mehrzahl handelte es sich dabei um Schriftzeichen, Zahlen, geometrische, florale und figürliche Motive.

Gegen Ende des 19. Jahrhunderts setzte eine Entwicklung ein, Naturgegenstände möglichst realistisch und entsprechend auch plastisch nachzugestalten. Die Musterabbildungen wurden wahlloser zusammengestellt, die Einheitlichkeit in der Formgebung, wie sie in früheren Musterbüchern vorherrschte, ging verloren. Die Motive, die in der Volkskunst Symbolcharakter besaßen, wurden zu modischem Zierrat. Nachahmungen dieser Art sind auch heute anzutreffen; sie wirken künstlich und unecht.

Die Stickarbeiten wurden nach dem Material benannt, das hauptsächlich verwendet wurde:

Goldstickerei
Sie hatte vermutlich ihre Vorbilder in den prunkhaften byzantinischen Gewändern. Seit der Romanik dienten sie im deutschen Raum als sakrale Gewänder. Im Barock und im Rokoko fanden Goldstickereien zusätzlich Verwendung für Decken, Kissen, Vorhänge und Möbelbezüge. Dargestellt wurden meist naturalistische florale Motive in Verbindung mit Silber, Perlen und Edelsteinen. Die Goldstickerei wird heute noch in der Paramentik (paramente = textile Gegenstände für den Gottesdienst) angewandt.

Perlenstickerei
Die aufgestickten Perlen und ähnliche Materialien dienten der Zeichnung eines Motivs (durch Konturierung oder Füllung der Flächen). Perlenstickerei wurde vor allem im Barock und im Rokoko angewandt. Im 18. und 19. Jahrhundert entwickelte sie sich zu einer bloßen Ziertechnik.

Seidenstickerei
Farbige Seidengarne wurden zusammen mit anderen wertvollen Materialien (Perlen, Edelmetalle) als Stickmaterial eingesetzt. Als Stickboden dienten Leinen-, Seiden-, Baumwoll- oder Wollgewebe. In Deutschland ist die Seidenstickerei seit der Romanik bekannt. Im Barock und im Rokoko wird sie wie die Goldstickerei auch für Vorhänge und Möbelbezüge verwendet. Heute findet sie noch bei Abendkleidern und in der Paramentik Anwendung.

Leinenstickerei (Weißstickerei)
Mit Leinengarnen wurde auf Stickböden aus Leinengewebe ge-

stikt. Da weißes Stickgarn und ungebleichter Gewebegrund bevorzugt wurden, bezeichnete man diese Technik auch mit »Weißstickerei«. Ihr Reiz besteht in der Vielfalt der Stickstiche und in der sogenannten Durchbruchtechnik. In Deutschland kennt man die Leinenstickerei seit dem Mittelalter. Sie diente vor allem dem Schmuck des Antependiums (= Vorhang oder Vorsatz am Altar) und des Kelch- oder Hungertuchs (= Fastentuch). Nach der Reformation diente sie dem Adel und dem reichen Bürgertum zum Schmuck von Haushaltstextilien. Ihre Blütezeit hatte sie als bürgerliche Stickerei im 15. und 16. Jahrhundert in der Schweiz. Bis ins 20. Jahrhundert hinein diente sie zur Ausschmückung von Bett- und Unterwäsche (»Aussteuer«).

Wollestickerei

Sie wurde zuerst angewandt in niedersächsischen Klöstern. In der sogenannten Klosterstichtechnik (vgl. das Kapitel *Sticken*) wurden Wandteppiche hergestellt. Ihre Besonderheiten bestanden in der großen Farbenvielfalt (gefärbte Wollgarne) und in der Reduzierung auf eine oder nur wenige Sticharten. Von Niedersachsen gelangte sie nach Süddeutschland und von dort im 15. Jahrhundert in die Schweiz.

Ende des 16. Jahrhunderts wurde die Wollestickerei als Bildstickerei bedeutungslos, da sie von den gewirkten Wandteppichen verdrängt wurde.

Die Bildstickerei diente sowohl sakralen Zwecken (Antependien) als auch dem profanen Bereich (Wandschmuck), sowohl als Schutz gegen Kälte als auch als Schmuck in Räumen, an den Wänden, Fenstern, Durchgängen, auf Bänken und Stühlen. Hergestellt wurde sie in den sogenannten »Werkgarden« der Höfe, in Klöstern und in reichen Bürgerhäusern. Eindrucksvolle Beispiele dieser Technik sind der Teppich von Bayeux (11. Jh.) und die Teppiche von Wienhausen (14. Jh.).

Knüpfen (Makramee)

Knotenknüpfarbeiten lassen sich in Kulturen Asiens, Ozeaniens, Süd- und Nordamerikas und Europas nachweisen. Von einer kontinuierlichen Entwicklung der Knüpftechnik kann nicht die Rede sein, es scheint eher so, als ob zu allen Zeiten in allen Teilen der Welt geknüpft wurde. Naturvölker gebrauchten der Überlieferung zufolge Knoten als Zählmittel und als eine Form von Schriftzeichen. In Peru wurde durch Farbe und Art der Verschlingung des Knotens eine eigene Schriftsprache entwickelt, die u. a. historische Begebnisse überlieferte. Die Indianer Nordamerikas knüpften wertvolle, mit Perlen und anderen Materialien verzierte Gürtel, die als Schmuck und als Zahlungsmittel verwendet wurden.

Zuhause ist das Knüpfen aber auch auf den Meeren: Seeleute knüpften mit den ihnen reichlich zur Verfügung stehenden Fadenmaterialien. Über Hafenstädte und Fischerdörfer wurde die Anregung zum Knüpfen weitergegeben.

In den USA und in einigen Ländern Europas, vor allem in Großbritannien, in den Niederlanden und neuerdings auch in Deutschland entwickelte sich das Knüpfen zu einer neuen künstlerischen Ausdrucksform, in der alte und neue Formvorstellungen verschmelzen.

Batik

Heimat der Batik ist der orientalische Raum: China, Indien, Persien und Java. Über die genaue Herkunft ist nur wenig bekannt, die Ursprünge lassen sich an den verwendeten Ornamenten und Motiven nur zum Teil nachverfolgen. Das Batiken wurde zunächst von adeligen Frauen ausgeübt, sie stellten ihre Arbeiten, gebatikte Kleidungsstücke und Wandbehänge, ausschließlich für den eigenen und den Familienbedarf her. Als Werkzeug diente das Tjanting-Kännchen.

Die indonesische Batikkunst, die hauptsächlich auf Celebes und Java ausgeübt wurde, unterlag verschiedenen Einflüssen. Um 2000 v. Chr. wurden die indonesischen Inseln von Völkern aus China besiedelt. Zwischen 100 und 600 n. Chr. breiteten Buddhismus und Hinduismus, ab 1500 n. Chr. der Islam sich aus. Unter ihren Einflüssen bildeten sich bestimmte Stilelemente heraus. Der neolithische als ältester Stil bevorzugte mythologische Symbole (Lebensbaum als Fruchtbarkeitssymbol) und einfache geometrische Ornamente. Mit dem Dong-Song-Stil (um 500 n. Chr.) wurde die Gestaltung dekorativer und ornamental vielfältiger. Neben die einfachen Grundformen traten neue Motive: Menschen- und Tierfiguren wurden mit geometrischen Formen zu ornamentalen Flächenaufteilungen zusammengeführt.

Auf Java bildeten Blumen und Vögel die Hauptmotive, sie waren großflächig angelegt und mit kleineren Motiven wie Blattranken harmonisch verbunden. Als Grundgewebe wurde

Baumwolle verwendet. Die Farbauswahl war begrenzt, da pflanzliche Farbstoffe benutzt wurden: das aus den Blättern der Indigo-Pflanzen gewonnene Indigoblau, das aus der Rinde des Sago-Baumes, aus Blumen oder aus Wurzeln gewonnene Braun sowie das zu den ältesten bekannten Naturfarbstoffen gehörende Rot, das aus den Wurzeln des Patjè-Baumes hergestellt wurde. Eine größere Farbenvielfalt entwickelte sich erst im 19. Jahrhundert mit den Erfindungen auf dem Gebiet der Farbchemie.

In der Mitte des 19. Jahrhunderts setzte auf Java eine Entwicklung ein, die von der traditionell in den Familien ausgeübten Tätigkeit wegführte zur industriellen Herstellung. Der Wachsauftrag erfolgte nun mit Hilfe von Kupferstempeln, mit denen das Aussehen der Tjanting-Batik nachgeahmt wurde. Diese Batiken dienten dem Export, der Javaner selbst bevorzugte für den eigenen Gebrauch die Handarbeit. Beide Verfahren, das industrielle Druckverfahren und das manuelle Batikverfahren, bestehen heute auf Java nebeneinander.

Durch Handelsbeziehungen, vor allem zu Holland, gelangte die Batik-Technik nach Europa. Hier entwickelte sich eine eigene Stilkomponente heraus: Der Tjanting wurde weitgehend vom Pinsel verdrängt, mit dem es sich schneller, großzügiger und flächiger arbeiten läßt. Die Flächigkeit und die Möglichkeiten der Farbgebung stellen die Batik in die Nähe anderer künstlerischer Techniken des 20. Jahrhunderts.

Stoffdruck

Anregungen für den Stoffdruck mit Modeln gingen bereits im Mittelalter von der Herstellung von Druckstöcken für den Holzschnitt aus. Die Druckmodel wurden mit ornamentalen Motiven versehen, die in Form von Reihungen und im Direktdruckverfahren auf das Gewebe gedruckt wurden (Zeugdruck). Man verwendete vor allem Purpurrot und Indigoblau, beide Farben mußten eingeführt werden.

Neben dem Direktdruck wurde ein Reservedruck-Verfahren zur Musterung eingesetzt. Auf Holzmodel wurde eine farbabweisende Masse aufgetragen (»Papp«) und auf das Gewebe gedruckt. Das so vorbehandelte Gewebe wurde in Farbe getaucht (Färbebottich = »Küpe«). Das Eindringen der Farbe wurde durch die aufgetragene Masse an den Stellen der Musterung verhindert. Der »Papp« wurde anschließend herausgewaschen. Nach der Verwendung der Farbe Blau wird das Verfahren auch mit »Blaudruck« bezeichnet. Wie die Batik ist es ein Reserve-Verfahren. Seinem Ursprung nach ist es in Indien beheimatet, wo auch die Batik-Kunst gepflegt wurde.

Anmerkungen

1 Landau, E.: Psychologie der Kreativität. München 1974, S. 26

2 Sandtner, H.: Kleine Didaktik des Textilgestaltungsunterrichts. In: Textilarbeit und Unterricht, 4/1976, S. 166

3 Wessels, B.: Die Werkerziehung. Heilbronn 1969, S. 56

4 Rüscher, D.: Theorie und Praxis ästhetischer Gestaltung. In: Textilgestaltung heute. Mönchengladbach 1976, S. 11

5 ebd., S. 11 f.

6 ebd., S. 12

7 Schnegelsberg, G.: Systematik der Textilien. Grundlagen für eine Formanalyse. München 1971, S. 67

8 Itten, J.: Die Kunst der Farbe. Ravensburg 1970

9 Rhein, E.: Die Kunst des manuellen Bilddrucks. Ravensburg 1956, S. 16

10 Burchartz, M.: Schule des Schauens. München 1962, S. 153

11 Rhein, a. a. O., S. 16 f.

12 ebd., S. 22 f.

13 Sandtner, a. a. O., S. 166

14 Zitiert nach: Rhein, a. a. O., S. 25

15 Schnegelsberg, a. a. O. *Anm. d. Verf.:* In einigen Fällen wurden jedoch übliche Benennungen beibehalten (z. B. »Material«, »Stoff«), die wegen ihrer Vieldeutigkeit von Schnegelsberg vermieden werden.

16 ebd., S. 67

17 ebd., S. 49

18 ebd., S. 50

19 Terminologische Unterscheidung vgl. Schnegelsberg, ebd.

20 ebd., S. 19

21 ebd., S. 60 ff.

22 ebd., Übersichtstafeln

23 Erfahrungen dieser Art sind in unseren Wortschatz aufgenommen worden. So wird das charakteristische Weiche und Flauschige des Samtes begrifflich auf »samte Haut« übertragen.

24 Für «Stickerei« wird nachfolgend in Anlehnung an Schnegelsberg der Begriff »Gesticke« verwendet. Bei alten Stickarbeiten wird die Bezeichnung »Stickerei« jedoch beibehalten, z. B. in »Leinenstickerei« (vgl. Schnegelsberg, a. a. O.)

25 Meyers, H.: Erziehung zur Formkultur. Frankfurt/M. 1966, S. 20

26 ebd., S. 20

27 Steinmann, P. K.: Puppenköpfe aus der Skizze geboren. In: Puppenspiel-Information, 31/1974

28 Seminar für Figurenspiel im Hochschulbereich Köln. Aufführungen in den Jahren 1975 und 1976

29 Amtmann, P.: Puppen – Schatten – Masken. Dillingen/Donau 1966, S. 14

30 ebd., S. 13

31 Sommer, D./Sommer, P.: Anregungen für den Einsatz des Tageslichtprojektors. In: Zeitschrift für Kunstpädagogik, 4/1974, S. 225 ff.

Literaturhinweise

Batik und Stoffdruck

Bachem-Heinen, T.: Buntes Batikbüchlein. Freiburg 1966[2]
Birkner, H.: Siebdruck auf Papier und Stoff. Ravensburg 1961
Ehlers, K. F.: Siebdruck. München 1962
Elwenspoek, L. M.: Wir batiken. Heidelberg 1963
Graupner, H.: Stoffdruck und Batik. Leipzig 1961
Hein, G.: Stoffdrucken. Werken – instruktiv. Hrsg. von R. Hartung.
  Ravensburg 1971
Kühnemann, U.: Stoffdruck, Stoffmalerei gar nicht schwer, Stuttgart–
  Backnang, 1975[4]
Lauterburg, L.: Stoffdrucken. Ravensburg 1959
Lammèr, J.: Stoffdruck, Stoffmalerei und Batik. Ravensburg 1964
Maile, A.: Binden und Färben. Stuttgart 1967
Mühling, E.: Das Batik-Buch. Stuttgart 1970[5]
Spitzner, K. H.: Textildruck. Leipzig 1972[2]
Wohrizek, L.: Batik auf Stoff, Papier und Holz. Ravensburg 1971

Farbenlehre

Frieling, H.: Praktische Farbenlehre. Minden 1956
Frieling, H.: Das Gesetz der Farbe. Göttingen 1968
Hartung, R.: Textiles Werken. Farbe und Gewebe. Ravensburg 1965
Hickethier, A.: Ein-mal-eins der Farbe zur Farbenordnung Hickethier.
  Ravensburg 1963
Itten, J.: Kunst der Farbe. Ravensburg 1961[2]
Ostwald, W.: Die Harmonie der Farbe. Leipzig 1921
Pawlik, J.: Theorie der Farbe. Köln 1976[4]
Renner, P.: Ordnung und Harmonie der Farben. Ravensburg 1964

Gestaltungslehre

Burchartz, M.: Gleichnis der Harmonie. München 1949
Burchartz, M.: Schule des Schauens. München 1962
Hartung, R.: Textiles Werken 4 und 5. Aus der Reihe: Das Spiel mit den bildnerischen Mitteln. Ravensburg
Humbert, C.: Ornamente. München 1970
Kampmann, L.: Begegnung mit Element und Ordnung. Ratingen 1964
Lutz, A.: Geschmack ist erlernbar. München 1957²
Meyers, H.: Erziehung zur Formkultur. Frankfurt/M. 1966
Reichelt, R.: Das Textilornament. Berlin
Wersin, W. v.: Das elementare Ornament und seine Gesetzlichkeit. Ravensburg 1953

Knüpfen (Makramee)

Beyer, B.:/Kafka, H.: Knoten. Gestaltungsmöglichkeiten mit Fäden. Hohengehren o. J.
Lentz, F.: Makramee. Schöpferische Knüpfereien mit Fäden und Schnüren. Stuttgart 1975
Phillips, M. W.: Makramee. Bonn–Röttgen 1974
Vogler – von Känel, H.: Wir knüpfen. Bern–Stuttgart 1974

Kreativitätstheorie

Ammon, G.: Gruppendynamik der Kreativität. München 1974
Landau, E.: Psychologie der Kreativität. München 1974
Schiffler, H.: Fragen zur Kreativität. Reihe: workshop Schulpädagogik. Ravensburg 1973
Ulmann, G.: Kreativität. Berlin–Basel 1968
Wollschläger, G.: Kreativität und Gesellschaft. Wuppertal 1972

Stoffdruck   s. Batik

Sticken

Boser, R.: Stickerei. Systematik der Stichformen. Basel 1968
Dietrich-Schopen, G.: Gestaltendes Sticken. Frankfurt/M. – Berlin – Bonn – München 1967
Dietrich-Schopen, G.: Sticken. Ein modernes Gestaltungsmittel. Stuttgart 1960
Hellmann, E.: Applikationen. Freiburg 1974
Herrmann, H.: Stick mit. Ratingen 1957

Leist, M.: Wir erfinden Stickereien. Bd. 4: Die freie Stickerei. Kassel–
  Basel 1953
Türkis, E.: Bunte Stickereien. Alte Technik, neue Muster. Ravensburg
  1970
Schütte, M.: Das Stickereiwerk. Tübingen 1963

Technologie

Adebahr-Dörel, L.: Kleine Textilwarenkunde. Hamburg 1975[9]
Schnegelsberg, G.: Systematik der Textilien. Grundlagen für eine Formanalyse. München 1971

Puppen, Figuren, Masken

Amtmann, P.: Puppen, Schatten, Masken. München–Mainz 1966
Bachmann, M. / Hansmann, C.: Das große Puppenbuch. Tübingen 1971
Brunner, F.: Spielzeug aus eigener Hand. Zürich o. J.
Fettig, H.: Hand- und Stabpuppen, Stuttgart–Backnang 1970
Fraser, A.: Puppen. Stuttgart 1974
Jackson, S.: Marionetten, Kasperlfiguren, Theatergruppen. Alte Kunst
  – neues Hobby. Stuttgart 1975
Kindler, A.: Puppen und Tiere aus Wolle und Stoff. Gütersloh 1962
Purschke, H. R.: Liebenswerte Puppenwelt. Deutsche Puppenspielkunst
  heute. Hamburg 1962
Steinbach, A.: Wir basteln Stofftiere. Wiesbaden 1967
Witzig, H.: Puppen. Erlenbach–Zürich–Stuttgart 1965

Verschiedene textile Techniken

Immenroth, C.: Textil-Werken. Ratingen 1970
Küfer, G. / Benatzky, M.: Faden, Stoff, Gewebe. Bochum o. J.
Meyer–Ehlers, G.: Textilwerken. Arbeiten mit Faden und Gewebe.
  Berlin 1965
Sandtner, H.: Schöpferische Textilarbeit. Donauwörth 1973[3]
Sommerfeld, D.: Textiles Werken. Heilbrunn 1974

Weben

Geritzen-Veen, E.: Einfaches Weben. Heidelberg o. J.
Formann: Blumen der Wüste. Hanau/M.
Kircher, U.: Schöpferisches Weben. Marburg/L. 1974
Lammèr, J.: Freies Weben. Ravensburg 1974
Schutten, T.: Weben mit Freude. Utrecht 1976 (dt.)

Zeitschriften

Kunst und Unterricht. Velber bei Hannover
Textilarbeit und Unterricht. Hohengehren
Textilkunst. Hannover
Ans Werk. Darmstadt

Fremdsprachige Literatur wurde nicht berücksichtigt. Vor allem in den USA, Großbritannien und den Niederlanden sind zahlreiche Buchveröffentlichungen über textiles Gestalten erschienen.

Nachweis der abgebildeten Arbeiten

Studenten des Seminars für Textilgestaltung an der Pädagogischen Hochschule Köln Farbabb. 1, 2, 3, 5, 6, 7 9, 10, 16, 17, 18, 20, Umschlagrückseite; Abb. 4, 8, 16, 25, 34, 40, 42, 43, 45, 47, 49, 50, 53, 57, 66, 69, 70, 73, 86, 87, 88, 91, 92, 93, 94, 95, 96, 97, 98, 99, 101, 102, 104, 105, 106, 107, 109, 110, 111, 116, 117

Studentenarbeiten aus der Universität Essen, Gesamthochschule, Fachbereich IV Abb. 27, 28, 89, 90, 108, 122

Studentenarbeiten des Erziehungswissenschaftlichen Fachbereichs der Universität Augsburg Abb. 32, 35, 74, 76, 82, 83, 84

Arbeiten aus Seminaren des workshops Hannover Farbabb. 11, 12, 15; Abb. 17, 26, 29, 52, 56, 63, 64, 65

Schülerarbeiten (Gymnasium) Abb. 39, 54, 55

Arbeiten von Textilkünstlern und Laien M. Bingemer: Farbabb. 8; B. Bingemer-Kroh: Abb. 37; D. Brunner: Abb. 115; M. Hermann: Abb. 36, 51; U. und P. Pitten: Farbabb. 13, 14; Abb. 58, 67, 68, 70, 71, 72; B. Steigerwald: Abb. 38

Studienarbeiten des Verfassers, Köln Farbabb. 4, 19, 21; Abb. 2, 3, 5, 6, 9, 30, 48, 79, 103, 112, 113, 114, 118, 121

Alle Fotovorlagen und Zeichnungen stammen aus dem Archiv des Verfassers.

Kleines Lexikon der Fachbegriffe*

Applikation
(lat. applicere = aufnähen, befestigen) Formen aus textilem Material (Fäden, Flächengebilde) werden auf ein Grundgewebe genäht (appliziert), wobei die Stiche gleichzeitig befestigen *und* gestalten. Es wird unterschieden nach dem Auflegematerial in Faden- oder Flächenapplikation und nach dem aufgenähten nicht-textilen Material (z. B. Perlen = Perlenapplikation). Je nachdem ob die Applikation durch Besticken bereichert wird, kann nochmals in unbestickte und bestickte Applikation unterteilt werden.

Arbeitsfaden
Beim Knüpfen wird der Arbeitsfaden und der Leitfaden unterschieden. Mit den Arbeitsfäden werden die Knoten geknüpft (→ *Trägerfaden*).

Asbest
Mineralische Faser, die zur Herstellung feuerfester Materialien (Blauasbest, Weißasbest) verwendet wird.

---

* Den Begriffserklärungen liegt folgende Literatur zugrunde: Küfer, G. / Benatzky, M.: Faden, Stoff, Gewebe. Bochum o. J. – Schnegelsberg, G.: Systematik der Textilien. München 1971 – Rhein, E.: Die Kunst des manuellen Bilddrucks. Ravensburg 1956.

Batik → *Wachs-Batik*

Baumwolle
Pflanzliche Faser (Pflanzenfaser), die zu Garnen und Misch-
geweben verarbeitet wird; weich, geschmeidig, saugfähig, gut
färbbar.

Bildnerische Mittel (Elemente)
Gestaltungsmittel: Punkt, Linie, Fläche, Musterung, Hell-Dun-
kel, Farbkontrast, Farbharmonisierung usw.

Binde-Batik → *Plangi*

Bindung (Gewebe-Bindung)
Art und Weise, wie die Kett- und Schußfäden beim Weben miteinander verkreuzt sind. Die einfachste Bindung ist die → *Leinwandbindung* (→*Kettfaden*, → *Schußfaden*).

Blaudruck
Reservedruckverfahren auf Gewebe; Muster erscheinen weiß auf
blauem Grund.

Chemiefaser
Auf chemischem Wege (z. B. durch Vereinigung von mehreren
Elementen) hergestellte Faser (Perlon, Nylon, Dralon, Dolan
u. a.); sowohl Endlosfasern als auch Stapelfasern.

Collage
(engl. to coll = kleben) Aus verschiedenen Materialien zusammengefügt und geklebt.

deckend
Das Material bedeckt den Gewebegrund, Gegensatz zu → *lasierend*.

dekorativ
Schmückend, die Fläche bleibt erhalten und wird betont.

Effektmaterial
Nicht-textile Materialien, die als Ergänzung oder Kontrast zu
dem textilen Material in die Gestaltung eingeordnet werden
(Perlen aus verschiedenem Material, Holz- und Metallteile, Muscheln, Trockenfrüchte u. a.).

Faden
Mit Faden ist das fadenförmige Gebilde gemeint, das als Bauglied verwendet wird. Es wird mit »Fäden« gestaltet, aber ge-
kauft wird → »*Garn*«.

Fadenapplikation
Die aufgelegten und genähten Formen bestehen in Fäden, z. B.
in Garnen, Kordeln (→ *Applikation*).

Faser
Lineares, elementares Gebilde, d. h. es kann nicht weiter in Bauelemente zerlegt werden. Für die Weiterverarbeitung zu Fäden
oder Flächengebilden müssen Fasern verspinnbar sein (→ *Flachs*,
→ *Hanf*, → *Jute*, → *Kokos*, → *Sisal*, → *Baumwolle*).

Filz
Flächengefüge aus Fasern; die Fasern sind verschlungen (→ *Vlies*).

Flächenapplikation
Die aufgelegten und -genähten Formen bestehen in Flächen-
gebilden: Gewebe, Gestricke, Gewirke, Geflechte, Filze, Vliese
(→ *Applikation*).

Flächengebilde
Sie dienen als Bauglied für Textilien (z. B. eines Gewebes), analog zu →*Faser*, → *Faden*.

Flächengefüge
Gefüge aus Fasern (Watten, Vliese, Filze), Fäden (Gewebe, Ge-
wirke, Gestricke, Nähgewirke, Geflechte) oder Flächengebilden.
Die äußere Gestalt ist flächenförmig (planar).

Flachknoten

Beim Knüpfen gebräuchlicher Knoten mit 1 oder mehreren → Trägerfäden und 2 → Arbeitsfäden geknüpft, nach seiner flachen Form benannt (auch: Weber- oder Kreuzknoten).

Flachs

Pflanzliche Faser (Bastfaser), die zu »Rein Leinen« oder »Halbleinen« (Mischgewebe mit Baumwolle) verarbeitet wird. Glatt, glänzend, gut färbbar.

formal

(Gegensatz: inhaltlich) Künstlerische Formgebung, mit der Gehaltliches realisiert wird (→ *Bildnerische Mittel*).

freies Sticken

Mit beliebigen Stichen ohne »Regeln« auf einem Stickboden hergestelltes Gesticke.

Garn

Gefüge aus Fasern (Baumwolle, Flachs, Hanf usw.) oder Fäden (Zwirn). Nach ihrer Verwendung werden sie mit Web-, Wirk- oder Nähgarn bezeichnet (→ *Faden,* → *Zwirn*).

Gewebe

Manuell oder maschinell angefertigtes Gefüge aus Fäden. Die Verbindung der Fäden geschieht durch Verkreuzung (→ *Bindung*) von Kette und Schuß.

Gitterraster   → *Raster*

Gobelin   → *Kelim-Technik*

Halber Schlag   → *Rippenknoten*

Hanf

Pflanzliche Faser (Bastfaser), sie ergibt starke Garne und Zwirne sowie grobe Gewebe. Grobes und unregelmäßiges Aussehen.

Harmonie
Ausgleich der gegensätzlichen bildnerischen Mittel in ein statisches Gleichgewicht.

Hochdruck
Die hochliegenden Teile des Druckstocks werden durch Überwalzen oder Pinselauftrag mit Druckfarbe bedeckt und geben sie beim Drucken auf das Gewebe ab.

Ikat
Statt eines Gewebes wird Garn oder anderes Fadenmaterial bündel- und partienweise abgebunden und gefärbt. Daraus wird ein Gewebe hergestellt.

Jute
Pflanzliche Faser (Bastfaser), sie wird häufig zu Verpackungsmaterial verarbeitet (z. B. Kartoffelsäcke, → *Rupfen*).

Kelim-Technik
Webtechnik, bei der die → *Schußfäden* nicht von Rand zu Rand eingelegt, sondern Teilflächen gebildet werden, die aneinanderstoßen (= Gobelin).

Kettfaden
Beim Weben werden zunächst die Kettfäden nebeneinander gereiht gespannt. Über- und unterbindend werden die → *Schußfäden* quer eingezogen.

Knüpffaden → *Arbeitsfaden*

Kokos
Pflanzliche Faser (Hartfaser), sie wird für Fußmatten, Teppiche und Bürsten verwendet. Hart und elastisch.

Kordel
Besteht ein Garn aus mehreren Fäden, die miteinander verflochten sind, so handelt es sich um Kordel oder Flechtgarn.

Kordeldruck

Der Druckstock besteht aus aufgeklebten → *Garnen* oder → *Kordeln*.

Krakelüren

Feine Risse, die nach dem Wachsauftrag beim Trocknen des Wachses entstehen. Nach dem Färben erscheinen sie als feine Äderchen, die für die → *Wachs-Batik* typisch sind.

lasierend

Techniken, bei denen der Untergrund durchscheint. Vor allem bei Gesticken, bei bestickten → *Flächenapplikationen* mit transparenten Materialien und beim Spritzdruck.

Leinwandbindung

An- und Abbindungen werden gegenbindig gefügt (→ *Bindung*, → *Kettfaden*, → *Schlußfaden*).

Leitfaden → *Trägerfaden*

manuell

Von Hand hergestellt, im Gegensatz zu maschinell.

Maschinengesticke

Gesticke sowie → *Faden-* und → *Flächenapplikationen* können auch mit der Nähmaschine hergestellt werden: mit der Zick-Zack-Nähmaschine durch dichte und lockere Stichführung einerseits und durch schmalen und breiten Nadelausschlag andererseits.

Materialdruck

Abdruck von verschiedenen Materialien. Die Druckfarbe wird durch Einwalzen aufgetragen.

Model

(lat. = Maß, Form, Muster) Druckstock aus weichen Materialien (Linoleum, Holz).

Muster
Eine geschlossene Form wird mit kleineren Formen, Zeichen und Farben ausgefüllt.

Negativ-Technik
Positiv Vorgesehenes (z. B. schwarz auf weiß, erhöht auf vertieft) wird umgekehrt.

ornamental
(lat. ornare = schmücken) Florale, pflanzliche, tierische, menschliche oder abstrakte Motive werden dekorativ-flächig übersetzt; zur Ausschmückung eines Gegenstandes.

Patchwork
Gewebestücke (z. B. Flickreste) werden zusammengesetzt und -genäht, wobei sie Muster oder Motive bilden (→ *Flächengefüge* aus → *Flächengebilden*).

Phasendruck
Abdruck in mehreren aufeinander folgenden Drucken.

Plangi
Färbeverfahren, bei dem das Eindringen der Farbe durch Abschnüren (statt wie bei der → *Wachs-Batik* durch Abdecken mit Wachs) bestimmter Partien des Stoffs verhindert wird (auch: Binde-Batik).

Quilting
(engl. to quilt = wattieren) Linear-plastisches Gestalten: Auf einen Gewebeuntergrund wird Schaumstoff oder Watte gelegt und darüber ein weiteres Gewebestück befestigt. Der Quiltingstich geht durch den unteren Gewebegrund, durch das Füllmaterial und durch das obere Gewebe und heftet die Teile fest zusammen.

Rakel
Walze, mit der die Farbe auf die Druckform gestrichen wird.

Raster

Zerlegte Flächen in Punkt- oder Strichsysteme, die Halbtöne erzeugen. Beispiel: Beim Ausziehen von Kettfäden eines Gewebes entsteht ein Gitterraster.

Reserve-Verfahren → *Wachs-Batik,* → *Plangi,* → *Tritik,* → *Ikat*

Rippenknoten

Gebräuchlicher Knoten beim Knüpfen, mit 1 → *Träger-* und 1 → *Knüpffaden* geknüpft. Nach der Rippenbildung benannt (auch: Halber Schlag oder Halbknoten).

Ripsbindung

Die Anordnung der Fäden beim Weben ist in einem der beiden Fadensysteme (z. B. Kette) so dicht, daß das andere (Schuß) nicht mehr sichtbar ist. Es entsteht eine geschlossene, gerippte Oberfläche des Gewebes (Kett- oder Querrips).

Rupfen

Gewebe aus Jutegarn, es wird vor allem als Verpackungsmaterial verwendet, z. B. als »Sackrupfen« für Kartoffelsäcke (→ *Jute*).

Schraffur

Striche, die parallel laufen; Erzielung von Schattenwirkung, Plastizität, Tonwerten und Übergängen, z. B. einfache Spannstiche beim Sticken.

Schußfaden

In die nebeneinander aufgespannten Kettfäden werden beim Weben die Schußfäden quer eingezogen (über- und unterbindend).

Seide

Tierische Faser aus den Konkons der Seidenraupe (Maulbeerseide, Tussahseide). Sehr fein, edel, glänzend, gut färbbar. Wilde Seiden aus Konkons wild lebender Seidenraupen werden Wild- oder Tussahseide genannt (z. B. Honanseide).

Siebdruck

Durch eine gespannte, feinmaschige und siebartige Fläche wird mit der → Rakel auf die darunter liegende Fläche Farbe hindurchschabloniert (vgl. das Kapitel *Siebdruck*).

Sisal

Pflanzliche Faser (Hartfaser), sie wird für Schiffstaue, Matten und Läufer verwendet. Hart, spröde, störrisch.

Spritzsieb

Rechteckiges Drahtgitter mit Griff (auch: Kaffeesieb) über das ein mit Stoffarbe getränkter Pinsel gestrichen wird. Ergibt einen feinen Farbsprühregen auf dem darunterliegenden Gewebe.

Spritzverfahren

Technik, bei der Stoffarbe auf einen Gewebegrund gespritzt wird. Schablonen werden zum Abdecken benutzt.

Stempeldruck

Druck, bei dem der »Druckstock« wie ein Stempel verwendet wird. Kann aus verschiedenen Materialien gefertigt werden (Kartoffel, Korken u. a.).

Stickboden

Grundgewebe für ein Gesticke. Gut geeignet sind Leinen- und Jutegewebe.

Stopfweben

Der Stopfvorgang entspricht im Prinzip der → *Leinwandbindung* beim Weben.

Textur

Art und Weise der Fügung und Verbindung von Fäden. Beispiel: (1) Gewebe = gefügt aus Reihung von Kette und Schuß, verfestigt durch Verkreuzung; (2) Zwirn = gefügt aus Faden-Reihung, verfestigt durch Umdrehung der Fäden (→ *Gewebe*, → *Zwirn*).

Tjanting

Batik-Kännchen, mit dem flüssiges Wachs in gleichmäßigen, zarten Linien aufgetragen werden kann.

Trägerfaden

Beim Knüpfen wird der Leitfaden (= Trägerfaden) vom → *Arbeitsfaden* unterschieden. Die Trägerfäden tragen die Knoten, mit dem Arbeitsfaden wird geknüpft.

Tritik

Färbeverfahren, bei dem das Eindringen der Farbe durch Kräuseln und Abnähen bestimmter Stoffpartien verhindert wird (Reserve-Verfahren; → *Plangi*).

Umstrukturierung

Veränderung des Grundgewebes durch Verschieben, Verdichten oder Auflockern des Geweberasters.

Verwerfung

Versetzung von Flächen oder Formen. Die Überschneidungsflächen tauschen die Werte, z. B. weiß gegen schwarz.

Vlies

Flächengefüge aus Fasern, die durch ein Bindemittel lagestabil verfestigt sind. Ähnlich den → Filzen nicht ausfransend, Nähte brauchen nicht versäubert und umgeschlagen zu werden. Gut geeignet für Applikationsarbeiten, Kinderarbeiten (→ *Filz*).

Wachs-Batik

(indon. ambatik = punktieren, stricheln, tüpfeln usw.) Färbeverfahren, bei dem die nicht zu färbenden Partien des Gewebes mit flüssigem Wachs abgedeckt werden (Reserve-Verfahren).

Watte

Gefüge aus Fasern; die Fasern sind haftend (→ *Gefüge*).

Weberknoten → *Flachknoten*

Wolle

Tierische Faser (Schurwolle von Schafen, Kamelen, Ziegen). Elastisch, gut formbar, gut färbbar, filzend.

Zwirn

→ *Garn,* das aus zwei oder mehr → *Fäden* besteht, die sich umdrehen.

DuMont Kunst-Taschenbücher

Stand Herbst '77

DuMont Kunst-Taschenbücher

DuMont Kunst-Taschenbücher

DuMont Kunst-Taschenbücher

DuMont Kunst-Taschenbücher